そして、暮らしは共同体になる。

はじめに

ある夏の日。

野菜などの食材をネットで販売する企業、オイシックスのバイヤー小堀夏佳さん。彼女はその日、取引先と雑談していてこんな話を耳にしました。

「愛知県に、甘くて美味しい野菜をつくる農家がある」

さっそく電話してみました。電話に出たその農家の方は頑固そうな雰囲気で、開口いちばん三河弁で「来ても売らんら」。そして逆にこう聞いてきます。

「なんでおれのこと知ってるら」

「知り合いのバイヤーに聞いたんです」

「おまえの会社、ネットだろ。信用ならん。来るな」

それで引き下がっていたら、バイヤーの仕事は成り立ちません。押しかけるように面会の約束を取り付けると、自宅近所の喫茶店で会ってくれました。しかし口をついて出てくるのは、「いかにうちのキャベツが旨いか」というお話。これを延々と語り、そしてまた別の喫茶店に移動すると、今度はにんじんの話。結局、喫茶店を三軒もはしごしているうちに、とうとう夜になってしまって、

「もう夜になっちゃったんですけど……野菜売ってもらえますか？」

「売らん」

「畑も見ていないし……」

「売らん。帰れ」

結局、その年はその農家さんから野菜を仕入れることはできませんでした。しかし小堀さんはめげずに、翌年ふたたび電話します。

「あー、あのねえちゃん。でも、売らんら」

「なんとか会っていただけませんか」

「売らんら。それでも来るんなら来てもいい」

そしてまた喫茶店を二軒まわり、野菜の話をするくりかえし。

「畑ぐらい見て帰りたいです」

「ねえちゃんが見てもわからんら」

それでもなんとか、畑を見せてもらえました。

「うちの畑と向こうのキャベツ、どう違う？」

「えーっと……」

「向こうはグリーンだけど、うちは赤くなってるら」

化学肥料を極力つかわないと、アントシアニンという色素が生成されて、赤い色がついてしまうのです。しかし化学肥料をたくさんつかえばキャベツにはえぐみが出てしまう。味を重視するのなら、赤くなっていても旨いほうが当然良い。その方はそういう考えでキャベツをつくっていました。

「次は大根の畑行くら」

「他の畑と音が違うだろう?」

そのときは風がビュービューと吹いていたので、うるさくて音の違いなんてわからないと正直、小堀さんは思いました。農家さんはこう説明してくれます。

「向こうはサヨサヨしてるが、うちは金属音がするら?」

そこの大根は、たんぽぽのような葉のギザギザ同士がぶつかって金属音を立てるというのです。「ミネラルと窒素とリン酸カリが入ると、こうなるのら」と説明します。話を聞きながら小堀さんは、

「この人はアーティストだ!」

と感じました。まるで芸術作品をつくるように、野菜をつくっている。すべての

根本的な科学をわかったうえで、芸術作品をつくっているのだと。

そして農家さんは、最後に言いました。

「おたくでやるのなら、うちの野菜のセットだけら。ほかの農家の野菜が入ると空気が変わってしまう」

「ありがとうございます！」と飛び上がるように喜んだ小堀さんでした。そして「どういうセットですか？」と聞いてみると、

「セロリひとたば、にんじん一キロ、大根二本、キャベツ二個。これを百七十セット出す」

すごい量です。こんなにたくさんの野菜が入ったセットがほんとうに売れるんだろうか。とるものもとりあえず東京のオイシックス本社に戻り、野菜セットのことをみんなに説明すると、

「ふざけるな！　一品から買えるのがオイシックスなのに、セットだなんて」

と怒られました。それまでの食材の宅配と異なり、ネット企業のオイシックスは「入会金なし、一品からでも注文できます」ということを売りにしていたからです。

「そういう前にちょっと待って」

小堀さんは、サンプルとしていただいてきたにんじんをバッグからとりだします。

スライスしてみんなに試食させると、

「なんだこれ！　まるっきり柿じゃないか！」

と全員が驚愕しました。いままでのにんじんの味の常識を完全にひっくりかえす旨さだったんですね。「フルーツになりたかった野菜たち」「柿のように甘いにんじん」「梨のような大根」。そういう感覚だったのです。

そして野菜セットは、販売開始しました。一セットが四千円とかなり強気な値付けです。しかしスタートしてみると、お客さんたちから高い評価がたくさんつき、あっという間に完売。以降、オイシックスの定番人気商品になったのです。

お客さんから届いたメッセージに、小堀さんは涙が出るほど感動しました。

「小堀さんの五感で感じた野菜を、第六感で買いました」

感動する野菜――。

日本では戦後、肉と乳製品が中心の欧米型食事に移行し、野菜の消費量が年々減っていっているということが指摘されてきました。またスーパーの総菜やコンビニの弁当などが普及して、そもそも生鮮食材を買う人が減っているということも言われてきたのです。

もちろん一部にはオーガニックと呼ばれる無農薬有機野菜もありましたが、値段が高く、販売店も少なく、一部の意識の高い人だけに消費されるものと考えられてきたのです。

しかし、その空気がここ最近、劇的に変わりつつある。

オイシックス社長の高島宏平さんは、東日本大震災が大きな変化をもたらしたと語っています。

「震災で一気に変わったという実感があります。震災では福島原発事故への不安がまずあり、その不安をどうとりのぞいて安心安全な食材をご提供できるかという放射性物質対策が中心の時期は、二年ぐらいつづきました。それがいったん収まったあとに、文化が一気に広がってきた。それまでのオーガニックが好きで料理のスキルが高い人たちだけでなく、そうじゃない人たちも『もっとちゃんとした食を』と求め、自分もそうなりたいという思いでサイトに来ていただくようになったのです」

これは大きな日本の生活文化の変化ととらえるべきなのでしょう。オイシックスではお客さんの九割を女性が占め、三十~四十歳代が中心。半数ははたらいていて、同じく半数ぐらいがお子さんを持っている人たちです。このように子育てもして仕事もして、とても忙しい女性たちが、豪華な生活ではなく、地に足の着いた安全な暮らしを求めているということなのでしょう。

高島さんはこう続けます。

「震災に加え、リーマンショックという経済危機が、食べるということの意味を潜在的に見直すきっかけになったのではないかと思います。スーパーで買う食材は食べるための『部品』みたいなものだったけれど、部品じゃなくて、生きるためのものに変わったのじゃないでしょうか。そして足もとを見直そう、この生活が大切だよねという感覚になったのだと思います」

もしこのように多くの人の意識が変化しているのだとすれば、その流れはどこに向かおうとしているのでしょうか？　そしてこれは食だけではなく生活全般にあてはまり、さらにはわたしたちの生きかたそのものを変えようとしているのではないでしょうか？

その「変化」を分析し、流れの先に何が見えようとしているのかを解き明かすのが、本書の目的です。

もくじ

装丁
漆原悠一
（tento）

装画
nakaban

編集
村上妃佐子
浅井文子
（アノニマ・スタジオ）

第一章

気持ちいい暮らしに憧れるということ

あるお母さんの話を紹介したいと思います。

紫原《しはら》明子さん。彼女は家族や恋愛のことをウェブメディアなどに書いている人気のライターで、二〇一六年には『家族無計画』（朝日出版社）という初めての著書を刊行しました。起業家で、東京都知事選にも出馬したことのある家入一真さんの元妻です。彼女はいま、中学生の長男と小学生の長女を育てているシングルマザーでもあります。

明子さんは料理が得意で、自分で運営しているブログのタイトルは「手の中で膨らむ」。パンを焼くという行為からイメージしたタイトルなんですね。とはいえ、仕事を抱えながら、子どもに健康的な食事を毎日食べさせるということに日々苦労しています。

罪悪感との戦い

「健康的食生活にしなければ、という罪悪感との戦いがすごいんですよね。きのうは家で料理をつくらなかったから今日はつくらなきゃと思うけど、その日も仕事でつくれなかったり……」

いちばんの救いは、子どもたちが通っている学校の給食が非常にすばらしいということ。スープのコンソメまで手づくりで、いっさい市販のうま味調味料をつかっていません。信頼できる昼食を毎日出してくれるのです。

市販のコンソメをつかわずに美味しいスープをつくるのは、けっこう難しいイメージがあります。鶏ガラスープを自分でつくる？　そんな時間のある人はいまの日本社会にはそうはいないでしょう。

でも、美味しくてシンプルなスープは意外にかんたんです。

わたしがときどきつくる、超時短の中華スープはこんなレシピ。

◎超時短中華スープ

小鍋に、刻んだにんにくと刻んだしょうが、豆板醤小さじ半分、はちみつ小さじ一杯、オイスターソース小さじ一杯、水三〇〇㎖を入れて火にかけます。沸いてくるあいだに、しいたけや適当な葉野菜を刻んで加えます。ひと煮立ちしたら、塩少々で味見してできあがり。五分ぐらいしかかかりません。

明子さんは、朝ご飯はすぐにつくることのできるものですませるといいます。たとえば食パンのトーストと目玉焼き、それに何か野菜を一品。ときには前の日の夜につくった味噌汁に、ご飯を入れた雑炊。かんたんだけど健康的な献立ですね。

問題は、夕ご飯です。中学生の息子さんは学習塾に通っていて、渋谷区の自宅を午後六時五十分に出なければなりません。帰宅するのは午後十一時ごろなので、出かける前に夕食をとらなければならないのですが、明子さんが仕事から戻ってくるのは午後六時。食事をつくって食べて終わらせるまでにわずか五十分しかなく、調理に時間をかけられないのが悩みの種です。

時間がないといっても、できるだけ健康的な食事にしたい。味の濃い洋食ではなく、質素で栄養価の高い和食をなるべくつくってあげたい。そういう思いはつねにあります。

それを実現するため、余裕のあるときには、週末に野菜の下ごしらえをしておきます。たとえばダイレクトフリージング。ほうれん草やキャベツ、ブロッコリーなどなまの野菜をひとくち大に刻み、そのままフリージングバッグに入れて空気を抜き、冷凍しておくという方法です。解凍作業など必要なく、火が通りやすいので、たとえばほうれん草は冷凍庫から出してお湯をかけるだけでおひたしになり、また味噌汁やうどんでも鍋にそのまま入れるだけですぐに茹で上がります。

うどんや親子丼、味噌汁、豚汁といった献立だと、調理にそれほど時間はかかりません。そういう工夫をいろいろ重ねながら、健康的な食事を維持しています。

それでも忙しくなると、なかなか時間はとれません。原稿の締め切りが迫ってくると、週末もパソコンに向かって仕事に集中しなければならず、下ごしらえをやっておく時間がないときもある。

どうしても間に合わないときは、できあいのものになってしまいます。デパ地下のお総菜は値段は高いし、味が濃くて決して健康的ではないし、できればあまり利用はしたくない。コンビニやスーパーのお弁当ならもっと安く購入できるけれど、それを子どもに食べさせることは、やはり「罪悪感」がすごいのですよ、と明子さんは訴えます。

だから、半調理品のようなものもできればつかいたくない。冷凍食品をつかうのだったら、コンビニでお弁当を買ってくるのと同じようなものだと彼女は考えます。わざわざ出かけてファストフードの牛丼を食べさせるぐらいなら、牛肉をさっと炒めて熱々のご飯に乗っけるほうが手っ取り早いと思っています。

明子さんがとくに困るのは、学校の夏休みなどの長期休暇。給食もなく、子どもたちに毎日お昼ご飯を用意しなければなりません。明子さんは仕事があるので、娘さんは学童保育に行っています。でも給食はないので、お弁当が必要なのです。つくる時間のあるときは、なんとかがんばってつくる。ある朝はチキンライスを炒め、その上にふんわりとたまごをのせたオムライスをお弁当につくりました。

「オムライスだと一品だけで豪華な感じのお弁当になってくれるので、種類を作らなくてすむんですよね」

と明子さん。どうしてもお弁当をつくれないときは、千円札を一枚わたして「コンビニでお弁当を買いなさい」と伝えます。明子さんの娘さんが通っている学童保育の施設では、半分ぐらいの子どもがコンビニ弁当を食べているといいます。「コンビニ弁当を食べさせるのがいちばん心が痛むんですけどね……」。

ある年の暮れ、明子さんが忙しくて時間が取れず、子どもたち二人だけで帰省したときには、実家のお母さんが毎日のように手料理をつくって子どもたちに食べさせてくれました。感謝してもしきれないほどです。お母さんからは「外食ばかりでしょ！」と言われ、「そんなことない。わたしもちゃんとつくってるもん！」と小さく反論したそうです。

「舌の感覚」を切り替える

明子さん一家の住んでいる地域は、東京でも比較的豊かな街として知られていますが、現実には多くの母親ははたらいており、共働き家族がほとんどです。「だいたい七割ぐらいのお母さんがはたらいてる感じだと思います。はたらいていない場合も、下の子が小さくて育児休業中だったりすることが多いかな。完全に専業主婦の方は、たぶん一割ぐらい」

おまけに小学生の子どもを持っていると、ＰＴＡや習い事関係の用事も入ってきます。明子さんもＰＴＡの役員を務めていて、毎月、会計の仕事に苦労しています。

明子さんが結婚したのは、十八歳のころでした。九州の地元で知り合った家入さんと結婚し、起業して会社をおこした夫と一緒に東京にやってきました。

結婚してから夫のために料理をするようになったのですが、そのころは親子丼ぐらいしかつくれませんでした。東京に出てきて、幕内《まくうち》秀夫さんの『粗食のすすめ』（新潮社）という本を偶然に手に取る機会があり、感銘を受けます。

幕内さんは、伝統的な和食を中心に家庭料理をつくっていこうと提唱されている食の評論家で、『粗食のすすめ』は社会的に大きな注目を集めた本です。家庭料理のカウンセリングもされていて、実はわたしも十年近く前に幕内さんのカウンセリングを受けたことがあります。家でどのようなものをつくり、食べれば良いのか？という個人的な疑問に対して、幕内さんのこのようなことばがいまもとても印象に残っています。

「カタカナではなくひらがなのものを食べてください。パスタじゃなくてうどん。パンではなくご飯。サンドイッチじゃなくおにぎり」

「晩ご飯の献立を四品用意するとして、すべて素食にしちゃうと、だんだんストレスがたまってきちゃう。がまんしすぎるとリバウンドしやすくなりますから、がまんはしないほうがいいんですよ。だから四品のうち、一品だけは自分の好きなものを何でも用意してください。焼き肉でもトンカツでも、そこは我慢しなくていいんです。そのかわりそれ以外の三品は、薄味のお味噌汁とか大根おろしとかおひたしとか、そういう健康的な料理にする」

「お酒のつまみはね、できるだけチビチビ味わうようにしましょう。細かい話かもしれないけど、僕なんてピーナッツを買ってきたらふたつに割って、半分ずつ食べたりするんですよ（笑）」

こういう話がなんだかとても心に響き、幕内さんのカウンセリングを受けたことは、わが家の食生活が大きく変わるきっかけになりました。洋風の料理が中心だったのを和食中心に切り替え、たぶんそれが「舌の感覚」を切り替えることになったのだと思います。濃い味ではなく薄いだしの味に親しむようになったことで、野菜などの素材の味をじっくりと味わえるようになりました。これがわたし自身の料理のスタイルを大きく変え、なるべく味つけをシンプルにし、かんたんな手順でさっとつくるというミニマルなレシピにしあげるようになったのです。

素朴で手順はシンプルだけど、でも素材の美味しい料理。たとえばこんなレシピはいかがでしょうか。

◎夏のモロヘイヤ丼

モロヘイヤは茎の部分の食感が悪いので、葉っぱをざっとむしりとって、三十秒ほど茹でます。ざるにあけて、湯を切って冷ましておきましょう。その間にトマトのタネをとってざく切りにし、きゅうりは縦に半分に割って小口切りしておきます。

モロヘイヤが手で触われるぐらいに冷めたら、ぎゅっと絞って水気をとり、包丁で叩いて細かく刻みます。ボウルにモロヘイヤとトマト、きゅうりを和えて、塩をきつめに振ります。夏の料理なので、ホットな薬味がほしいところ。刻んだ青唐辛子か、ゆず胡椒やかんずりなどの辛みを少し加えて、よく混ぜます。熱々のご飯をどんぶりに盛って、モロヘイヤを豪快にのせてできあがり。

ホットだけど爽やか、そしてとてもシンプルな料理の完成です。

素朴で安心なものを食べさせたい

明子さんも『粗食のすすめ』を読み、素朴な和食の大切さに感銘を受けました。だんだんと和食をつくり、番茶を淹れて夕食を楽しむようなスタイルに変わっていったといいます。数年前からは、仕事がつらかった時期に、癒しを求めてパンづくりもはじめました。

「つらいときにパンを焼くと、気持ちが落ち着く。生地をこねて、一次発酵は人肌ぐらいの温度にするので、発酵して膨らみつつある生地を触っていると、まるで人の手に触れているような安心感があるんです。パンは気まぐれで、ほんのちょっとの違いでひねくれて膨らんだり膨らまなかったりする。でも、パンは逃げたりしないし、ちゃんとやればちゃんと育ってくれる。愛おしいんです」

さまざまなできごとがあった後に彼女は離婚し、子ども二人を引き取って独立して暮らすようになり、健康的な食事をつくる時間を捻出するのに苦労するようにもなりました。それでも、できるだけ質素で美味しいものを子どもたちにと、ていねいな食事をいつも心がけています。

地元の九州ではよくつかわれているあご（飛び魚）の煮干しでだしを引き、醤油とみりんで味をつけたつゆをつくり、油揚げもていねいに甘辛く煮て、きつねそばをつくる。

千切りのキャベツに塩昆布を和え、おにぎりと一緒に。

やわらかいオムレツと、ソーセージ。

週末のブランチはいちばん余裕のある時間なので、楽しく料理をします。

子どもたちは育ち盛りで肉を食べたがり、和食にはあまり反応が良くないのですが、そういう時は明子さんはぴしゃり。

「うちは外食が多いんだから、こういうときぐらいちゃんと食べなさい」

子どもたちが好きで、つくるのもかんたんで、そして安心して与えられる料理。

これをすべてかなえるのは、けっこうたいへんだと思います。わたしは子どもはいませんが、こんな料理を考えてみました。

◎シンプルなトマトグラタン

グラタンは何といっても、ホワイトソースをつくるのがめんどう。小麦粉をバターで炒めながら牛乳で少しずつ延ばしていくのですが、すぐにダマになってしまうので目が離せません。まあレトルトパックに入った市販のホワイトソースでもいいのですが、ここではトマト味にしてみましょう。スーパーで売っているトマト系のパスタソースをつかえばかんたんです。

まずマカロニやファルファッレなどのショートパスタを茹でます。そのあいだにフライパンでにんにくのみじん切りと、ズッキーニやなす、玉ねぎなどお好みの野菜の粗みじんを弱火で炒めておきます。茹で上がったパスタにこの具を加えて、パスタソースであえます。耐熱皿に移して、ありあわせのチーズを上に乗せ、オーブンでチーズが溶けるまで温めたらできあがり。

ホワイトソースよりも軽い感じの仕上がりになり、いくらでも食べられます。

明子さんは、「子どもだけで食べに行ける安心な食堂があるといいのにな」と思っています。

振りかえって見ると、美味しいご飯とかんたんなお総菜が食べられる大衆食堂が以前はどこの街にもありましたが、そうした店はすっかり姿を消してしまいました。個人経営の居酒屋やレストランはありますが、そうした店は大人向けで、子どもだけで食事に行くのはちょっと難しいですよね。

最近はそういう声に応えるように、「子ども食堂」というこころみもあちこちで始まっています。百円玉を何枚か持ってくれば、子どもがひとりで行っても食べさせてくれるという食堂を設置する運動です。

「今晩のご飯はぼくひとり」「お母さんが仕事なので、コンビニ弁当を買うの」というような子どもたちに、栄養満点のあたたかいご飯を提供してあげようということなんですね。貧困や親のネグレクト（育児放棄）で満足に食事をとれていない子どもたちへの対策にもなっています。ご飯と味噌汁、そして安心して食べられる素朴で美味しい料理たち。

明子さんが求めているのは、そういうシンプルな食であって、決して高級な食事ではありません。ネットで無農薬有機野菜を取り寄せることもしていますが、値段が高くても買い続けているのは、それが安心で、安全だろうと考えているからです。明子さんは消費者運動に参加しているわけではないし、農薬をつかった野菜にノーを突きつけているわけでもないのです。

「食の安全」に対する変化

農薬や化学肥料をつかわないオーガニックな無農薬有機野菜は、かつては消費者運動の象徴のような面がありました。

戦後史をふりかえってみると、一九六〇年代ぐらいまでは、オーガニックな食を求める人はごく一部でした。それどころか、化学的なもののほうがハイテクでカッコよかった。いまでは想像もつきませんが、そういうものは古い日本の土着的な農村文化に対置されるものとして、もてはやされていたのです。

たとえば一九六六年の大手日用品メーカーのテレビCMを見ると、食器を洗うための中性洗剤でりんごやレモン、きゅうりなどの野菜果物を洗っているシーンが出てきます。いま見るとギョッとしますが、当時はそれが「未来っぽくて進歩的」な感じに映ったのでしょう。同じ時期の食品メーカーのCMでは、うま味調味料を、食卓の料理にドバドバかけている映像がつかわれています。昔ながらの昆布やかつおのだしよりも、化学の力で味を加える方がカッコよかったのですね。そういえばインスタントラーメンや、レトルトパウチに入ったカレーも、当時はとても未来的なイメージでした。食品添加物もあたりまえで、ウィンナーといえば真っ赤に着色されている商品がごく普通だったのです。

しかし一九七〇年代になると公害問題や環境問題がクローズアップされるようになり、「食の安全」を求める運動が本格的に高まってくるようになります。こまかくは記しませんが、七〇年代は着色剤や漂白剤の追放運動、八〇年代は食品添加物の規制緩和反対運動、そして九〇年代の遺伝子組み換え食品、ダイオキシン健康被害問題などが、時代ごとの大きなトピックです。

こうした消費者運動の取り組みは大きな成果をあげ、食の安全はたいへん前進しました。

しかし一方で、「やりすぎ」になってしまった面もあります。それは、過激な「オーガニック原理主義」のような考えかたが蔓延するようになってしまったことです。

たとえば「食品添加物は危険」「無農薬じゃなければ口にしてはダメ」「コンビニ

のパンは添加物まみれなのでカビがはえない」というような意見がそうです。

でもこれらは正しくありません。添加物についてはかなり厳密な規制がかけられていて、危険なものはほぼ排除されています。大量生産されているパンにカビがはえないのは、添加物のためではなく、非常に清潔な工場で無菌状態に近いかたちで製造されているからです。自宅でパンを焼くと、キッチンが無菌状態ではないからすぐにカビがはえてしまうのです。

オーガニックな無農薬有機野菜でなければ危険、ということもありません。日本では農薬についてはこれ以上できないぐらいに安全に配慮されていて、許容されている一日の農薬摂取量は「一生涯にわたって、毎日とりつづけても健康にまったく影響が出ない量」と定められています。

合成保存料を忌避する人もいますが、保存料がなければどうしても日持ちが悪くなります。忙しいお母さんには、これはなかなかたいへんです。昔の伝統的な食品は合成保存料はつかっていませんでしたが、そのかわりに梅干しや漬け物のように大量の塩をつかっていたりします。伝統食品に回帰すると、今度は高血圧や胃がんのリスクが高まってしまうということが起きます。何ごともバランスが大切です。

人工的なものは何でも危険だと思ってしまうと、別のリスクを背負うことになるのです。

有機野菜だから美味しいということもありません。茨城県で農業法人「久松農園」をいとなんでいる久松達央さんは、わたしが農場の取材にいったとき、「野菜の美味しさは栽培時期、品種、鮮度の三つの要素で決まるんです」とおっしゃっていました。

つまりいちばん美味しくなる旬の時期に、美味しい品種の野菜を選び、それを鮮度の良いうちに料理して食べる。これが野菜の最も美味しい食べかたであり、有機かどうかは重要ではないということなのです。旬の時期でもないときに鮮度が悪いオーガニックの野菜を食べても、たぶん美味しくない。

ただ、オーガニック栽培にとりくんでいる農家の人たちは「美味しい野菜をつくりたい」と心がけ、消費者の安心や安全を求める願いに応えようとしている方たちばかり。だから結果として、オーガニックという冠をつけて売られている野菜は、美味しいことが多いということになるのです。結論は同じだけど、因果関係が違うということなんですね。

あまりにオーガニック原理主義に走ってしまうのは、バランスを逸してそれはそれでリスクが高くなってしまうし、変なニセ科学にはまってしまいかねません。E

M菌やホメオパシー、水素水など怪しげな疑似科学はそこらじゅうに蔓延していて、オーガニック原理主義者たちを手招きしています。

反逆文化の成り立ち

なぜこれほど過剰な原理主義が蔓延してしまうのでしょうか？　その背景には、現代の大衆消費社会への反感のようなものがあるのではないかと、わたしは考えています。

「多くの消費者は騙されている」

という考えかたです。そこには、大衆消費社会を支えている政府や企業への不信もある。

「大企業はわたしたちを騙そうとしている」

「政府は信用できない」

民主主義の社会ですから、政府はわたしたちが信任して選んだものです。企業も、市場経済のもとで営利活動をして大きくなったのにすぎない。にもかかわらず、過剰なまでに企業や政府に不信感を抱くというのはどういうことなのでしょうか。

この理由を、カナダの哲学者ジョセフ・ヒースは第二次世界大戦後の文化の流れを切り口に分析しています（『反逆の神話 カウンターカルチャーはいかにして消費文化になったか』、NTT出版）。日本でいうと団塊の世代にあたる米国のベビーブーマーは一九六〇年代から七〇年代初めにかけて、黒人差別やベトナム戦争の泥沼化、深刻になっていく環境汚染などで行き詰まっていったメインカルチャー＝主流文化に対して、カウンターカルチャー＝反逆する文化をつくりだしました。ドラッグとロックンロール、ヒッピーの世界です。

カウンターカルチャーが生まれたのには、ふたつの要因があるとヒースは説明しています。ひとつは、第二次世界大戦後の急速な経済成長で、大衆消費文化が急速に広まっていったこと。でもこれだけでは、大衆消費文化を否定する方向に向かう意味がわかりません。そこでヒースは、もうひとつの要因として欧米文明がナチスドイツの台頭を許してしまったことを挙げています。

ナチスドイツのおこなったのは、暴力で国民を支配する恐怖政治ではありません。そうではなく、順応して、みずから喜んで協力してくれる国民を扇動して動かしていったファシズムです。ゲシュタポというナチスの恐ろしい秘密警察があり、当時のドイツ人やユダヤ人は四六時中びくびくしてゲシュタポを恐れていたというイメージがあります。しかし実際にはそうではなく、国民の多くはゲシュタポに順応して、この結果密告が大量に寄せられ、ゲシュタポの側が処理しきれないほどだったとされています。

このように人々はかんたんに順応してしまい、それが最終的にはユダヤ人の絶滅収容所というジェノサイド（民族抹殺）をひきおこしてしまいました。

権力への順応が、おそろしい虐殺を招く。これは、欧米の人たちに大きなトラウマになったのです。

国民の順応だけではありません。

絶滅収容所の運営を指導したナチスの高官アドルフ・アイヒマンは戦後、イスラエルで裁かれて絞首刑になりました。この裁判を傍聴した哲学者ハンナ・アーレントは、アイヒマンを「凡庸な悪」と形容しました。悪は悪人がつくり出すのではなく、思考停止の凡人がつくるのだ、と。つまりアイヒマンは凡人で、当時の官僚組織や法律や規範にもとづいて粛々と行動しただけだったということを指摘したのです。

この「凡庸な悪」ということばは、社会規範や組織の論理、法律などにしたがうことが実は悪につながることがあるということを、世界の人々に突きつけたのです。

しかしこうした規範や官僚組織は、社会の基本的なしくみでもあります。これらを一概に否定してしまうのもどうかと思うのですが、ナチスのトラウマが強かったあまりに、ファシズムの再来を恐れて、戦後のカウンターカルチャーはこれらを拒否する方向に強く行ってしまった。そうジョセフ・ヒースは論じています。

アウトサイダーとしてのエリート意識

この反権力的な考えかたは、さまざまな矛盾を引き起こしました。

公害問題が起きて、工場からの汚染物質の排出に規制をかける必要が出てきます。このときに国会議員と協力したり、官僚にはたらきかけるのではなく、デモなどの個人的な運動に訴える方を好んだのは、こうした「反官僚組織」的な気持ちの表れだともヒースは言っています。政府を内部から変えるのではなく、アウトサイダーであることを好んで自己啓発に熱中したり、精神文化をやたらと説くのも同じだと。

つまり社会のインサイダーとして、政府や自治体などと協力して制度を変え、内部から社会を変えていくのではなく、社会のアウトサイダーとして超然として無政府主義を標榜している方が良いという方向に行ってしまったということなのです。

この「順応を拒否し、社会の外部にいて社会に適合しない」という立ち位置が、アメリカのカウンターカルチャーの基調として成立していきました。ここからどのような哲学が生まれるかといえば、こういうことだとヒースは言います。

「一般大衆とは群れの一部であり、組織の歯車、愚かな順応の犠牲者である。浅はかな物質主義の価値観に支配され、中身のない空虚な人生を送っている」

このような哲学のもとでは、反逆者であることは、強い憧れの対象となります。そして反逆者たちは「人とあえて違うことをせよ」と訴え、一九六〇年代のビートニクやヒッピー、八〇年代のパンクといった文化を生み出しました。

これは社会のインサイダーであることを拒絶することであり、つまりは社会の大多数を占めているマスの人々を否定することにもつながる。つまりは、こういう考えかたに容易に行き着くということになります。

「おれはおまえらと違って、体制に騙されたりしない。愚かな歯車ではない」

そこには、エリート（選良）意識のようなものが見え隠れしている。

残念ながら、この発想はカウンターカルチャーのいたるところに見られます。たとえば一九四二年生まれの活動家カレ・ラースンの本『さよなら、消費社会』（大月書店）。パンクやヒッピー、ダダイスト、アナーキストといったカウンターカルチャーの活動についてこう書いています。

ぼくらを含め、ここに掲げた活動家のすべてに共通することは、古い価値観をうち倒し、新しい時代を築こうとしていたことなんだ。権威に対して喧嘩っ早いという点は当然で、人生の中で大きなリスクを取り、ささやかではあるけれど自分だけの自発的な「真実の瞬間」にコミットしようとする強い意思を持っている。（中略）自分の内面のほんとうの声に従えば、近代的消費文化が肥大化させたゴマカシが周囲に満ちていることに気づくだろう。「隠れたところで静かに陰謀が進んでいるとき、真実の一言は、銃声のように響く」。

「陰謀」ということばが出てきます。アウトサイダーとして「大衆は理解していない真実を、自分だけが理解している」と優位に立つためには、大衆はつねに騙される存在でなければならず、騙す存在がいなければならない。自分たちが社会の内部にいて、ともに社会をつくる仲間になるのであれば、「だれかがだれかを騙す」という発想は生まれにくいはずですが、みずからを外部の存在と仮定することによって、「内部の人たちは騙されている、真実を知らないんだ」という見たてに陥ってしまうのです。

これはまさに、オーガニック原理主義に当てはまることです。「大衆は汚染された野菜を食べさせられて騙されている。わたしたちだけが、食の真実を知っている」という発想がつねにあるから、どうしても陰謀論に突っ走ってしまうのです。

安定の裏返し、「反逆クール」

そうした陰謀論さえ生じてしまうエリート意識。これこそがカウンターカルチャーに潜んでいる落とし穴だといえるでしょう。「反逆こそクールである」という感覚。こういう立ち位置を本書では仮に「反逆クール」と呼ぶことにします。反逆し、アウトサイダーに出ることがカッコいいのだというこの反逆クールのエリート的感覚は、一九八〇年代ぐらいまではわたしたちの日本社会にも色濃くありました。

思い起こせば、わたしが新聞記者をこころざしたのも、会社員ではありながらジャーナリストでもあるというその職業に、反逆者的なカッコよさを求めたからにほかなりません。普通の会社員が朝きちんと起きて通勤し、夜は帰宅するという決まり切った生活をしていたのに対し、明け方まで飲んで暴れ、昼ぐらいに出社し、やさぐれたファッションも許されるというマスコミ稼業は、まさしくアウトサイダー的な反逆クールに満ちあふれていたのです。

この反逆クールは、「明日はいまより良くなる」という希望の安定さと表裏一体の関係にありました。明日への希望が安定していたからこそ、明日の希望を否定したくなる。「明日も明後日もその次の日も、未来までずっと毎日終身雇用の会社員でいられる（＝いなければならない）からこそ、会社員という身分に反逆したくなる」という逆説的なマインドだったのです。

だから反逆クールをきどる一方で、当時のわたしたちは上昇志向も同時に持っていた。

ごく個人的な記憶ですが、リーマンショックの少し前に、知人の女性経営者と話していて「期待値」の話題になったことがあります。バブル世代の彼女はこう言ったのです。

「わたしたちはエクスペクテイション（期待値）で消費してるよねえ。佐々木さんもそうでしょう？」

高いクルマや高級なブランド品を買ったり、高級レストランに行くというのは、「自分がそういうお金をつかえる人間になりたいという、そういう願望をかなえるための装置」であると彼女は分析しました。つまり「わたしはまだこれから上にあがれる」「もっと豊かになれる」という願望を実現するために、えいやっと高額消費するということなのだという。

当時のわたしもまだバブル時代の夢を引きずっていたことがあったのか、彼女の意見にはけっこう同意でした。高級レストランに足を運び、高級輸入車に惹かれていた背景には、「まだこれから収入は増えていく」という期待値が高かったことがあったのでしょう。たしかにリーマンショック以前のこのころにはわたしの周囲でも外貨預金をしたり、株式投資をしたりと積極的なキャピタルゲイン（資産運用益）を取りに行っている人たちが多く、外資系投資銀行に勤務している人たちがもてはやされ、社会全体として上昇志向の強い時期でした。一九九〇年代の「失われた十年」がいったん一段落し、もう一度夢を見ようと人々が思っていた時代でした。「年収十倍」を標榜するような自己啓発本がもてはやされたのもこのころのことです。

こういう上昇志向を持てるからこそ、「上昇志向を捨てる」というカッコよさも逆に成立していたということなのです。

だとすれば、上昇志向を捨てる反逆クールというのは、果たしてほんとうのアウトサイダーといえるのか？　という疑問が湧いてきます。

ブルジョワ・ボヘミアンの出現

カナダの女性コラムニスト、ナオミ・クラインが二〇〇〇年に書いた『ブランドなんか、いらない』（はまの出版）という本があります。この本の冒頭でクラインは、自分がトロントの寂れた工場街に住んでいることを書いています。

都会のさびれた地区でよく見られる現象だが、このスパディナ通りでも、古さは新しさと融合し、新たな魅力が生まれている。ロフトやスタジオには、自分が「都市のアート」の一部であることをよく知る、おしゃれな人たちが集まる。彼らは、それを他人に悟られないよう最大限の努力をする。もし誰かが「本当のスパディナ」を強く主張しはじめたら、都市のアートはたちまち安っぽい「田舎芝居」となる。こうなったら、すべての雰囲気はぶち壊しだ。

反逆クールの優越感が見え隠れする文章ですね。しかしクラインが好きだったこの工場街は、その後市当局によって区画整理され、住宅や商業施設などをつくることが認められるようになりました。真新しいマンションやレストランが建ちはじめます。まさしく「安っぽい田舎芝居」がはじまってしまったわけです。

この話を、ジョセフ・ヒースは次のような感じで分析しています。

クラインがスパディナ通りに住んでいたのは、それがクールだったからです。しかしそのクールさに人々が憧れるようになると、住宅の価格が上がり、ロフトを購入する人々が増えていきます。これはクラインにとっては、あまり嬉しくない。スパディナ通りのクールさが失われることになり、「クラインは反逆クールなエリートである」という自身の価値が失われてしまうことになる。そこで彼女は引っ越して出て行かざるをえません。クラインはまた別のクールな場所を見つけ、そこに引っ越し、「わたしは大衆と違ってクールだから新しいこの場所に住む」と宣言します。でもまたそこにクラインのクールさに憧れた人々がやってきて……と、そういうくりかえしが延々と続くことになります。

ヒースの分析が鋭いのは、こういうくりかえしそのものが、実は消費社会の本質じゃないかと喝破したことです。

もし消費社会のメインカルチャーが、クラインのようなカウンターカルチャーを決して取り込まないのであれば、反逆クールが担うアウトサイダーの新しい文化は成立しうるでしょう。ところがアメリカでは戦後、ベビーブーマーが成長するとともに、メインカルチャーとカウンターカルチャーが融合していくということが起きました。つまりクラインの考えるようなクールさが、メインカルチャーの中軸になっていくということが起きたのです。もともとカウンターカルチャーは反富裕層だったのですが、カウンターカルチャーの担い手そのものが富裕層になってくるということが起きる。わかりやすい例をひとり挙げれば、アップル創業者の故スティーブ・ジョブズがそうです。彼は若いころはヒッピーそのもので、LSD（幻覚剤）をキメて瞑想したり、東洋の精神世界を求めてインドに渡るというようなことをしていました。彼のような西海岸ヒッピー文化に、アメリカのコンピューター業界の発祥があります。だからコンピューター業界はいまだそういうヒッピー的な精神性や理念を色濃く引きずっていますし、この業界が米国をリードする成長株になっていく中で、ヒッピー的なカウンターカルチャーをメインストリームに押し出してきたという流れは納得できるものがあります。

こういう「お金持ちだけどカウンターカルチャー」という人たちはブルジョワ・ボヘミアンを略して、「ボボズ」などとも呼ばれるようになりました。『アメリカ新上流階級 ボボズ』(デイビッド・ブルックス、光文社)という書籍には、こう描かれています。

テレビでは、マイクロソフトやギャップのような巨大な企業が、なんとガンジーやケルアックなどを引用したコマーシャルを流していた。身分や階級に伴うルールも、ひっくり返ってしまったようだ。(中略)とりわけ驚いたのは、古くからの人間分類法が全く意味をなさなくなっていることだ。二〇世紀に入ってからはずっと、資本主義的ブルジョアと、ボヘミアン的カウンターカルチャーの世界を見分けることは大して難しいことではなかった。

伝統的には、ブルジョアは真面目で実利本位で、伝統を重んじる人たち。企業ではたらき、郊外に住み、教会に通うような人たちでした。一方でアウトサイダーであるボヘミアンは因習を嫌い、自由を愛する人たち。芸術家、インテリ、ヒッピー、ビートといったイメージです。ところがこの二つが戦後のアメリカでは融合に向かってしまったというのですね。ボボズのステレオタイプな反逆クール的イメージは、同書でこんなふうに描写されています。

最高級のトレッキングシューズに数百ドルを使うのは許されるが、背広に合う最高級な靴を買うのは、下品なことである。人間はエクササイズすべきだという理由で、マーリンXLMの郊外用自転車に四四〇〇ドルを投じるのは許されるが、派手な大型モーターボートを買うのは、中身のない人間の印なのである。浅薄な人間は、キャビアに数百ドルを使う。深みのある人間は、それと同じ金額を、最高級の堆肥《たいひ》を買うために喜んで使うのである。

なんだかバカバカしい感じもしますが、同書は大まじめに肯定的に書いているのです。これぞまさに反逆クールなマインドで、二十一世紀の日本でもこういう感覚の人はたしかに存在しますね。

表裏一体の上昇志向と反逆クール

では、このようにカウンターカルチャーとメインカルチャーが融合してくると、なにが起きるのでしょうか。

「社会のアウトサイダーであることがクールである」ということが、社会全体で共有される中心的な概念になるという、なんとも逆説的なことが起きてしまったのです。

これによって、みんなが反逆クールに憧れ、アウトサイダーを目指すようになりました。たとえばファッションでいえば、アウトサイダー的な人々が着ているようなストリート的なファッションに人々が憧れるというようなことが起き、そうして社会の多くの人がストリートファッションを身にまとうようになると、これまでそういう服を着ていたアウトサイダーは、別のファッションに注目するようになる。そしてまたみんながそれを……こういうくりかえしがつねに起きることになります。先ほどのクラインの工場街の住まいの話と同じですね。

これは非常に面白く、不思議な構図です。

「『反消費社会』を消費して『消費社会』がさらに成長していく」

という禅問答のような構図なのです。

消費社会と反逆クールは一見すると対立しているように見えるけれども、実はそうではない。消費社会のエネルギー源こそが反逆クールであり、同時に反逆クールも消費社会のマス層からの憧れをエネルギー源にしている。そういう持ちつ持たれつの関係なのです。つまり反逆クールこそが、消費社会のどまんなかにいる人たちだったといえるのです。

クールになりたいからアウトサイダーに憧れる。それが消費社会に取り込まれて大衆化すると、もうクールじゃないと思われてしまう。また新たなクールなものを探してまわる。このくりかえしというのは、まさに記号消費的であり、大衆消費そのものであるんですよね。

近代の成長の時代に、多くの人たちは、大衆消費社会の中で出世を目指し、金持ちへと成り上がろうと上昇志向を持ちました。「**上へ、上へ**」です。

そしてまた別の人たちはそういう上昇志向を否定し、アウトサイダーとして消費社会を蔑視する反逆クールの道を選んだ。「**外へ、外へ**」ということです。

ところが気がつけば、「**上へ**」も「**外へ**」も、どちらもぐるりとまわって同じ立ち位置になっているということなのです。

つまり上昇志向の持ち主と、反逆クールは、この大衆消費社会を支える表裏一体の存在だったということです。

ていねいな暮らしとは?

話を戻しましょう。ではいまわたしたちが生きている二十一世紀の社会で、人々は反逆クールのようなエリートになりたがっているのでしょうか?

決してそうではないと、わたしは力強く答えたいと思います。紫原明子さんのようなお母さんたちや、わたしたちの社会をともにつくっている多くの人は、けっして「大衆とは違う」というエリート意識を持っているわけでもなければ、「政府が騙そうとしている」という陰謀論を信じているのでもない。かといって、お金持ちメインカルチャーのように高価な美食を求め上昇志向を追い求めているのでもない。

普通に健全で、普通に安心でき、そして日々楽しめる食を求めているだけなのです。コンビニ弁当は子どもに与えたくない、自分も食べたくない。でも共働きで仕事が忙しすぎて、ゼロからきちんと料理する余裕がない。そういうややこしい状況から脱して、ていねいな食事をできるような日々が切実に求められているのだと思います。

安心や安全は大切だけれど、それほど手間ひまはかけずに、ごく普通の日常生活の中で保っていけるような、シンプルでクリーンな食生活。

このような生活の変化の流れは、どこに向かおうとしているのでしょうか?

そもそもわたしたちは、暮らしに何を求めようとしているのでしょうか。流行語的ですが、「ていねいな暮らし」という言いかたもあります。「豪華な暮らし」「おしゃれな暮らし」じゃなく、「ていねいな暮らし」。でも「ていねいな暮らし」というのがどういうものなのかは、明確には定義されていません。

アメリカには「クリーンイーティング」ということばもあります。清らかな食、というような意味。次のような七つの要素で説明されています。

第一に、加工食品ではなく、加工されていない素材を自分で調理して食べましょう。冷凍食品じゃなく、スーパーやデパ地下のお総菜じゃなく、野菜を買いましょう。

第二に、精製されていない食品を食べましょう。白い小麦粉や白砂糖、白米ではなく、全粒粉やきび砂糖、はちみつ、玄米。

第三に、タンパク質と炭水化物、脂質をバランス良くとりましょう。

第四に、脂肪と砂糖、塩のとりすぎには注意しましょう。

第五に、一日の食事を五回から六回にわけて少量ずつ食べましょう。食事を抜くことによる空腹感を避けられるし、血糖値があがりすぎずにすみます。

第六に、カロリーの高い清涼飲料水を飲むのはやめましょう。

第七に、身体を動かしましょう。


これらはその通りだなと思うのですが、しかしわたしたちがいま、暮らしに求めている思いや願いは、「クリーン」や「ていねい」だけではないはずです。もっとゆたかなイメージを内包しているのではないでしょうか。

食に求められる「日常の大切さ」

『かもめ食堂』（幻冬舎）という群ようこさんの小説をご存じでしょうか。フィンランドで、日本人女性がレストランを開くというとても温かな物語。二〇〇六年に刊行されて、同年映画化もされました。小説も映画も、どちらもとてもすばらしい作品です。

この作品での「食事というもののとらえかた」が、いまわたしたちが求めるようになっている新しい食をみごとに表現しています。「子ども食堂」の大人版みたいな感じです。わたしなりに理解した、「かもめ食堂」の食の意味を箇条書きにしてみます。

第一に、非日常ではなく、健全で飾り気のない日常が大切であるということ。

第二に、派手な美食ではなく、シンプルで素朴な料理がいちばん美味しいのだということ。

第三に、人生にはいろんな困難がある。そんな時は、まず美味しい料理をみんなで食べて語り合おう。そうすれば歩き出せる。つまり食は人生の軸になるということと。

映画では小林聡美さんが演じる主人公のサチエさんは三十八歳。宝くじが当たって一億円を手にして、かねてからの夢を実現しようとヘルシンキにやってきました。お母さんが早くに亡くなったので、古武道の達人のお父さんと二人暮らしだった彼女は、幼いころから料理など家事をになってきました。

二〇〇六年に三十八歳という設定だとすると、だいたい一九六八年ぐらいの生まれ。ぎりぎりバブル世代ですね。だから大学生ぐらいのころは、友人たちはみな美食に憧れて「あの店のイタリアンはすごい」「フレンチはやっぱりこの店」というような会話が当たり前だったでしょう。しかしサチエさんはそういう会話に違和感を覚えて、こう独りごとを言うのです。

「ああいうのもいいけど、本当に人が食べる毎日の食事って違う」

そして学校で「私、おいしい御飯とお新香《しんこ》とお味噌汁があれば、何もいらないな」と言って、まわりから「おばあさんみたい」と笑われるのです。バブルのころらしい反応です。しかしこういうサチエさんの感覚は、二〇一〇年代のいまとなっては多くの人が共感できるものになっているのではないでしょうか。『かもめ食堂』から少し引用します。

いろいろな店で食事をしても、素材を油や調味料でごまかしているものが多くて、サチエにとって濃い味付けが多かったが、クラスメートはそういう味の濃いものを、おいしいと喜んで食べていた。みんな薄味よりも濃い味のほうがずっと好きで、食物科に通っていながら、自分の食事はいつもカップ麺という子さえいた。

そして彼女はこう語ります。

「華やかな盛りつけじゃなくていい。素朴でいいから、ちゃんとした食事を食べてもらえるような店を作りたい」

まさにこれ！　ですね。

映画「かもめ食堂」では、こんなシーンもあります。途中からお店に参加した四十代のミドリさん（片桐はいりさんが好演しています）が、閑古鳥が鳴いているのをなんとかしようと、日本のガイドブックにヘルシンキの和食屋さんとして掲載してもらい、日本人観光客向けの和食の店として売り出した方が良いのでは、と提案します。サチエさんは、こう答えるのです。

「うーん、でもガイドブックをみてやっぱり和食が食べたいと思ってやって来る日本人とか、日本食といえば寿司と日本酒だと思ってやって来る人とか、そういうのはこの店のにおいとちょっと違うと思います。レストランじゃなくて、食堂です。もっと身近な感じというか。前を通りがかった人がふらっと気軽に入ってこれるような」

まさに、日常の大切さなんですね。

素朴で健全、そして美味しい食事

ちなみに映画『かもめ食堂』のメイン料理は、おにぎり。シンプルな白いお皿に、三角に握って小ぶりの海苔を巻いたおかか、鮭、梅のおにぎりが三個並んでいて、見るからに旨そうです。一緒に出される湯飲みには茶色が見えるので、ほうじ茶が添えられているのでしょう。三番目にお店に参加する五十歳代のマサコさんを演じるもたいまささんが、ゆっくりと頬張るシーンがとても印象的。

余談ですが、映画ではサチエさんとミドリさんのこんな会話もあります。

「食堂でもやっぱり和食を出すんですか？」

「ええ」

「どうしてこちらで？」

「なにがなんでも日本でやる必要が無いかなって思って」

「それでフィンランドですか」

「素朴だけど美味しいものってここの人ならちゃんとわかってくれる気がするんですよ」

「なんか根拠が？」

「たとえばイタリアといえばピザとパスタですよね。ドイツといえばソーセージ？韓国は焼き肉にキムチだし、インドはカレー。タイといえば、トムヤムクン。アメリカはハンバーガーですか。となると、フィンランドは」

「サーモン？」

「はい。さて、朝一番白いご飯と一緒に食べたい焼き魚といえば」

「しゃけ」

「ほら、ね。日本の人もフィンランドの人も鮭好きなんですよ」

「なるほどー」

「なんて、たったいま思いついたこじつけですけどね」

面白いやりとりですね。でもおにぎりは、フィンランドの人はなかなか注文してくれません。「黒い紙よ」「白に黒のコントラストの食べ物って見たことあるかい」「ご飯の積み木みたい」と、さんざんな反応です。あまりにも北欧の料理からかけ離れていて、手が出ないんですね。

そういえばシンシア・カドハタさんという日系米国人の作家が書いた『きらきら』（白水社）という小説があります。一九六〇年代のジョージア州を舞台にした日系人家族のきずなを描いた物語なのですが、この中にもおにぎりが出てくるシーンがあります。


ライスボールはオニギリと呼ばれていて、わたしがただひとつ、作り方を知っているものだった。オニギリを作るためには、手を洗って手のひらに塩をまぶす。それからごはんを片手いっぱいぶんつかんで、かたまりにする。母さんは、海草《かいそう》と塩づけプラム入りのきれいな三角形のオニギリを作ったけど、わたしは何もはいってないオニギリしか作れなかった。

海草と塩づけプラム入り……海苔と梅干しのことですが、なんだかまったく違う食べ物のように感じます。日本人にとってはごく日常的な梅干しのおにぎりが、慣れ親しんでいない人にはこうも違うように見えるということなのでしょう。

とはいえ、ここ最近の日本食ブームによってついにおにぎりも海外で受け入れられはじめているようです。二〇一五年にイタリアのミラノで万博が開かれ、中でも日本館は圧倒的な人気を誇りました。最長九時間待ちの行列ができたといいますから、驚きですね。展示がすばらしく美しかったこともあったのですが、日本食の美味しさがイタリア人に再発見されたということも後押ししたようです。

万博で火が着いて、ミラノにはお茶漬けの店やおにぎりの店が次々とできて、大人気になっているようです。最近は寿司や天ぷらのような高級な和食だけでなく、ラーメンやカレー、カツカレーなどの大衆的な和食が海外で受けていて、その流れがおにぎりにも波及しているようです。そのうちかつ丼やお好み焼き、たこ焼きなども人気になって、日本の日常の食が世界を席巻していくかもしれませんね。

さて、「かもめ食堂」の話に戻ると、おにぎり以外のさまざまな定食がフィンランドの人たちにはとても人気でした。生姜焼き、焼き鮭、とんかつ、鶏の唐揚げ、たまご焼き、肉じゃが。

映画のフィンランドロケでは、同じ役者さんたちをつかってパスコのパンのテレビCMもつくられました。このシリーズもとても美味しそうでよだれが出ます。フィンランドの森の中でのキャンプ。焚き火のうえに網を置いて、サチエさんが厚切りの食パンをこんがりと焼いています。

キノコは、たぶんベーコンやハーブとともに炒めているのでしょう。食パンをちぎって、湯気の立つキノコを少し乗せてがぶり。ラクレットでしょうか、チーズの塊に串を刺して焚き火であぶり、とろけてきたところをナイフでこそげてパンのうえに落とします。まるで「アルプスの少女ハイジ」に出てきそうな旨そうな料理ですね。

こういう「かもめ食堂」のような食を日常的に楽しめたら、それはそれはすばらしく心地のよい暮らしになりそうです。先ほどわたしが挙げた「かもめ食堂」の要素をもう一度記してみます。

素朴で健全で、そしてとても美味しい食事。

そういう食事をみんなで味わい、会話を楽しみ、幸せをかみしめる時間。生きている喜びをわかちあい、これからもがんばっていけるような勇気を抱かせてくれる食。

五感で楽しむ贅沢

それは五感を大事にして、それらを楽しむ暮らしということなのかもしれません。お金のかかった豪華なインテリアや料理はなくてもかまわない。たとえば、五月の気持ちいい午後。窓を開けているだけで日差しが揺れ、初夏の風が部屋の中を通り抜けていく。

暑い日のランチに、夏野菜。トマト、きゅうり、オクラ、みょうが、レタス、ピーマン。そういう野菜たちが冷水で洗われ、まな板の上で瑞々しく並んでいる様子。

コブサラダという料理があります。ロバート・コブさんというハリウッドのレストランシェフが発明したのでこういう名前なのですが、グリルした鶏肉とかりっと焼いたベーコンを中心にして、アボカド、レタス、トマト、ブルーチーズなどを混ぜたサラダです。

このコブサラダに似たような感じで、最近はチョップドサラダという料理もあります。チョップというのはぶつ切りのことで、要するにすべての具材をサイコロぐらいの大きさにそろえて和えたサラダのことです。これ、具材は何を加えてもいいので、自由度がとても高い。

食材は何でもいいんですが、あまり汁が出ない方が見た目がきれいで、味も美味しく仕上がります。

◎チョップドサラダ
トマトは半分にカットしたらまず種を取ってしまい、それからサイコロ大に。これで汁が出ません。きゅうり、レタス、パプリカ、ピーマン、チコリ、みょうが、ラディッシュ、大根、大葉。なまで食べられる野菜なら何でも。

肉類は、鶏もも肉をフライパンでしっかり焼いた後にひとくち大に切ったもの。かりっと焼いたベーコン。茹でるか炒めるかしたソーセージ。ハム。いろんな肉を入れてしまうのも、味に深みが出るのでお勧めです。

チーズ類もお好きなものを、ひとくち大にカット。

これらを全部ボウルに投じます。ドレッシングはできれば市販のものは避けて、かんたんなフレンチドレッシング（ヴィネグレットソース）で。ボウルにオリーブ油をたらりとかけまわし、酢かレモンなどのかんきつ果汁を振ります。塩をふたつまみぐらい振りかけて、あとはざっくり混ぜて皿に盛りつけるだけ。

近所のパン屋でバゲットを買ってきて、そえます。ちなみにバゲットってナイフで輪切りにしてるのをよく見ますが、水平に切って上下に分離した方が、実は旨いんですよね。ぱりっっとした皮の美味しさをたっぷり味わえるから。

皮膚感覚、舌の感覚、耳から入ってくるさまざまな音。台所から漂ってくる美味しそうなにおい。こういう五感をたっぷり楽しめる、心地のいい暮らし。心の余裕はたくさん必要ですが、お金持ちである必要はありません。

でも、この心の余裕というものが実はとても難しい。

たとえば、野菜をどう美味しく食べるかということを考えてみましょう。

夫婦共働きや単身世帯があたりまえになってきているこの時代に、野菜にはとても難しい面があります。それは料理に手間がかかること。たとえば牛肉や豚肉だったら、フライパンで炒めて焼き肉のたれでもからめるだけで、じゅうぶんに美味しい一品になってくれます。わたしも思いかえせば学生時代、こういう「フライパンだけでつくるかんたん料理」によくお世話になりました。

野菜炒めぐらいだったらフライパンだけでつくれますが、逆にいうとフライパンだけでつくれるのは野菜炒めぐらいしかない。フライパンをつかってもう少し美味しいものをつくろうとすると、ひと手間かけなければならなくなる。たとえば目の前にピーマンとキャベツがあったとしましょう。あなたなら何をつくりますか？

いちばんシンプルでかんたんなのは、いま言ったように野菜炒めです。ピーマンとキャベツを刻んで、ついでに豚こま肉ぐらいも入れて炒め、醤油か焼き肉のたれなどをさっとかける。

しかし毎日野菜炒めばかり食べているわけにはいきません。単身家庭で自分だけならまだしも、家族のいる人、とくに子どものいる家庭だと、もっとバランスの良い食事を与えてあげたいと思いますよね。

求めているのはごく平凡で健全な暮らし

わたしだったら何をつくるか。ピーマンは肉料理にして、キャベツは口をさっぱりとさせる付け合わせにしましょう。これに白いご飯でも足せば、じゅうぶんに立派な晩ご飯の献立になります。

◎ピーマンと牛肉の甘辛炒めともまない塩もみキャベツ

まずキャベツは千切りにしてボウルに入れ、塩を軽くふたつまみほど振って手でざっくり馴染ませます。このまま十分ぐらい放置。

そのあいだにピーマンの下ごしらえに取りかかります。ピーマンは牛肉と相性がいいですよね。子どものころにお弁当に入っていた懐かしい甘辛味の料理を再現してみます。

まずピーマンのへたをとって種を取り除き、ごく薄い輪切りにしていきます。生でも食べられるぐらいに薄くすると、しゃきっとしあがりやすい。

牛肉を炒める前に、キャベツに戻ります。塩でしんなりしたところを普通はぎゅっと絞って塩もみにするのですが、あえてもまない。全体をもう一度軽く和えて平たいお皿にこんもりと盛ります。名づけて「キャベツのもまない塩もみ」。
さてフライパンに油を引いて、牛肉の切り落としを炒めます。色が変わったら、みりんと醤油を振り入れ、からめます。汁気が飛んできたところで、薄切りピーマンをどっさり入れて全体をさっとからめて完成。ピーマンに火を入れるのはほんの十秒ぐらいで大丈夫。大きめの深いお皿によそいます。

これで二皿の献立が完成。濃厚な牛肉のうま味と、しゃっきりぴりっとしたピーマンの切れ味がよく調和しています。そして「もまない塩もみ」は、初夏の早朝の畑でまるでキャベツが朝露をまとっているようなみずみずしい食感。

つかっている調味料は塩と醤油、みりんだけです。それでもめんどうだと感じたら、ピーマンと牛肉のたれは醤油とみりんではなく、めんつゆでもいいと思います。キャベツの塩もみも、塩だけでじゅうぶん旨い。料理本を見ると「昆布茶を入れる」「塩昆布で和える」「鶏ガラスープで」「にんにくのすりおろしも」などといろいろ書いてあるのですが、手順がひとつ増えてしまうと、料理はやっぱりめんどうになってしまうと思います。とくに「きちんと料理をしなきゃ」と義務感をもってしまっているような人には。

この「きちんと料理をしなきゃ」という感覚は、いまの時代にはとてもむずかしいと思うんですよね。

まず第一に、みんなとても忙しい。給与水準が下がってきて、昔のように専業主婦という身分が維持しにくくなり、男女ともにはたらくというのが当たり前になってきています。そしてどこの企業でもコスト削減のために人手は減っていて、みんなが業務に追われています。精神的な余裕もありません。

昭和のころの小説や映画では、「主人公は平凡な私大を卒業し、平凡な中小企業に勤め、普通の結婚をして子どもを二人もうけ、どこにでもあるような建売住宅をローンで買った。どこにでもある平凡な人生である」といったようなナレーションがよく見られましたが、この昭和の「平凡」は二十一世紀には高嶺の花になってしまいました。

わたしたちは選民意識に満ちあふれた「反逆クール」のエリートになりたいのではなく、ごく平凡で健全な暮らしを送りたいと思っているだけなのだと思います。

では、そういう難儀な時代にあって、どのようにして気持ち良く暮らしていくことが可能なのか。頭の中に浮かぶ健全なイメージだけではなく、どう具体化させるのか。

実はそういう課題に気づいた人や企業が、最近あちこちに現れてきています。次章では、それらの取り組みを紹介するとともに、それらの活動が生みだしている新たな胎動を見ていきましょう。

第二章

ともに物語をつむぎ、ゆるゆる生きる

利便性よく安全な野菜を届けたい――オイシックス

オーガニック原理主義な「反逆クール」でもなく、コンビニ弁当でもなく、高価な美食でもない。そういう日常の健全さ、心地のいい暮らしを支えていこうとする一群の新興企業や人が現れてきています。

そのひとつが、「はじめに」で紹介した食のネット通販企業オイシックス。この会社が興味深いのは、その立ち位置です。従来の産直ビジネスのように生産者目線でスタートしたわけではなく、かといって巨大スーパーや巨大コンビニのように、安価な食材を大量に供給しているわけでもない。流通を支配するのが目的でもなく、主な客層であるお母さんたちの目線でフラットなかたちで暮らしを支えていこうとしている。そういう強い意思が感じられます。

そういう立ち位置になった背景には、オイシックスの成り立ちがあるといえるでしょう。この会社は、食のことなんかまったく知らなかった世間知らずの若者たちが立ち上げました。

一九九〇年代末、インターネットという新しい技術に取りつかれた人たちが世界中に現れ、日本でもたくさんの新しい企業が野心まんまんに創業されていきました。

ヤフー、楽天、サイバーエージェントなどはみんなすべてこの時代の設立です。

オイシックスを創業した高島宏平さんもそういう野望を持つ若者たちのひとりで、東京大学を卒業した後、外資系コンサルタントのマッキンゼーを経て、二〇〇〇年に仲間たちとオイシックスをつくったのです。

創業メンバーは全員が二十代の独身男子で、自分で料理したことがある者さえいませんでした。びっくりですね。しかしそれがかえって食文化や食品業界についての先入観を持たないですんだ、ということだったのでしょう。

このころは「食」とインターネットをかけ算したサービスは少なく、食品をネットで買うということも一般的ではありませんでした。いまでは生鮮野菜や肉、魚まで宅配してくれるようになり、さらにはアマゾンの「プライムナウ」のようにネットで注文してからわずか一、二時間程度で届けてくれるサービスも登場しているのですから隔世の感があります。

オイシックスの若者たちは、食品をネットで販売するサービスをはじめようと考えたときに、いったいどこから手をつければいいのかさっぱりわかりませんでした。そこで知人のつてをたよって、家事をになっている数十人の女性にヒヤリングしてみました。家庭を訪問してお母さんから話を聞くという、二十代の若い男には慣れない仕事。泣き出す子どもにどう対処していいのかわからず困り果てたりと、いろんなことがあったようですが、これでさまざまなことがわかってきました。

「スーパーで買い物するときに、何が安全なのかがわからない。何を基準に選べばいいの？」

「情報がないまま子どもに食べ物を与えているのは、とても不安」

「安心できそうな宅配の自然食品は、かなり値段が張って敷居が高い」

そういうようなことをお母さんたちは訴えたのですね。前章で紹介した紫原明子さんと同じような悩みを抱いている人たちが多いことを物語るエピソードです。

この「宅配の自然食品は敷居が高い」というのは、当時からこの種のサービスを利用していたわたしにはよくわかります。生協などが典型的なのですが、配送網を独自に持っているので、配達日時が自動的に決められてしまって、その時間に家にいなければなりません。当時は「共同宅配」といって、同じマンションや近所の人とまとめて依頼するようなしくみが中心的で、これも非常にハードルが高いものでした。

野菜もセットでの販売が中心になっていて、野菜が箱に入ってどさりと届きます。旬の野菜が届くし、ほんとうに美味しいのは事実。でも一方で、旬のものが選ばれてくるので毎週のように小松菜、毎週のように大根、毎週のようにさといもと、同じ野菜が連続することも多く、ひとつの食材からさまざまな料理を生み出す工夫をしなければならず、料理が得意じゃない人にはたいへんだろうなと感じることも多かったのです。

さらに無農薬有機野菜の専門サービスとなると、かなり値段が高く、高級スーパー並みです。これを日常的につかおうとすると、それなりに家計の余裕がなければ難しいなと思いました。

そもそも野菜の直送ビジネスは、「農家を守ろう」という運動から派生して始まっているケースが多いのです。だからどちらかというと農家目線であり、農家への支援の意味あいが濃く、農家にやさしいビジネスになっています。もちろんこれは決して悪いことではないのですが、消費者から見ると「定期購入しかない」「野菜をセットでしか買えない」など、つかいづらい点がたくさんありました。農業や食にたいして相当に意識が高くないと、続けにくい面があったことは否定できないでしょう。

農家の固い扉をたたく

だとすれば、そこそこに妥当な値段で安心できる野菜をインターネットで購入できるようになれば、多くのお母さんたちにつかわれるようになるんじゃないだろうか？

オイシックスがこう考えたのは当然の結果だったといえるでしょう。

入会金や年会費をとらず、セットだけでなく野菜一品から買える。専門の宅配網や共同宅配ではなく、一般的な宅配便をつかって再配達も可能で受け取りやすい。もちろん宅配便をつかえば運送料がかかってしまいますが、実際にはお客さんは一品だけを買うのでなく、たいていはいくつかの品物をまとめ買いしてくれるはず。買える商品の選択肢が多ければ、一回あたりの購入点数は増えるはずだから、それで運送料はカバーできる。しかもネット通販なので、従来のように紙のカタログをつくる必要は無いし、注文用紙のマークシートを処理するコストもかからない。カスタマーサポートもそれほど大きくする必要は無い――彼らはそう予測したのです。

とはいえ、最大の問題は農家さんとのおつきあいでした。オイシックスの若者たちは、農家さんとまったく接点がありませんでした。途方に暮れて、とりあえず野菜や果物を扱っている巨大市場として有名な東京の大田市場に出かけてみました。有機野菜を扱っている卸売りを探して、そこに積んである段ボール箱をチェックする。「〇〇農園」と書いてある名前と電話番号をメモして、いきなり電話してみました。

いまでこそ農業法人などがインターネットに公式サイトを持っているのはごく当たり前になっているけれど、二〇〇〇年ごろにはそんな農園はほとんどありませんでした。まだアメリカでグーグルが創設されて二年ぐらいしか経っていないころです。検索エンジンもまともにつかえる状況ではなかったのです。だから現場に出かけてこうやって農家の連絡先を調べるぐらいしか方法はなかったんですね。

しかしそういう時代ですから、農家に電話して「インターネットで野菜を販売します」と話してもまったく理解されませんでした。そもそも「インターネット」がわかってもらえないのです。

ルルルルル……。

「はい、もしもし」

「もしもし、あの、このたびインターネットをつかった野菜の宅配ビジネスを立ち上げ中でして、お取り引きの交渉をさせていただければ、と思ってお電話したんですが……」

「……は、何言ってるんだ？」

「すぐにおうかがいしますので、一度お会いいただければ」

「来たいならどうぞ」

そうして教えてもらった住所に飛んでいくと、頑固そうな男性が土をいじっています。

「先日、お電話を差し上げた者なんですが……」

「あーあんたたちね」

「そちらの野菜をインターネットで売りたいんです。僕らに仕入れさせてください」

「は？　インタ？　なんだそれ」

「インターネットです。パソコン上のウェブサイトで、世界中の人が見られるようになっているんです」

「世界中？　何言ってんだか、全然わかんないよ‼　いますぐ帰ってくれ！」

こんな調子のやりとりがスタート地点でした。しかし何度もくりかえし通っているうちに、顔を覚えてもらえるようになります。そのうち「兄ちゃん、ちょっとそこ、雑草とるの手伝ってくれ！　若いんだからさ」と農作業の手伝いを頼まれるようになり、若者たちは畑の中で泥まみれになりながら仕事をします。すると「一日おつかれさま。助かったよ！　ちょっと上がって一杯やっていくか」とお酒をふるまってくれる人も現れはじめ、そうやって固い扉を少しずつ少しずつ開けていくように、若者たちと農家さんたちは取り引きをはじめていったのです。農家さんの側としては「なんだか正直よくわからないけど、若いやつが一生懸命だし、気の毒だから、ちょっと分けてやろう」という同情心からの取り引き開始だったということなのでしょう。でも彼らは、そういうところから少しずつ固い扉をこじ開け、農という古く頑固な業界へと入り込んでいきました。

桃みたいなかぶ、だからピーチかぶ

だから彼らは、伝統的な食の業界では想像もつかなかったようなことを、平気でしてしまう。

「はじめに」でも登場していただいたオイシックスのバイヤー小堀夏佳さんはある日、取引先である千葉の農家田中一仁さんの畑を訪ねていました。

目的は、夏に出荷する小玉すいかの生育状況を確認すること。しかし畑を歩いていてふと目に止まったのは、端のほうに一列だけ植えられているかぶでした。まだバイヤーになって日が浅く、野菜のことをあまりよく知らなかった彼女は、土から半身を出したかぶがずらりと並んでいるのを見て、

「かわいいー。まるで兵隊さんみたいに並んでる！」

と心を奪われたのです。田中さんは、「このかぶは旨いんだよね」とその場でひとかぶ引き抜き、土を洗って生のままのを食べさせてくれました。

「なにこれ！」

衝撃的でした。かぶとは思えないみずみずしいジューシーさで、そして甘い。

「まるで桃みたい！」

彼女は、前年に出荷してしまった桃のことを思い出していました。その桃はまだ熟していなくてガリガリで、ひどく美味しくなかったのです。会社からもお客さんからも叱られ、農家さんには「小堀さんがこの日にどうしても出してほしいというから、無理矢理出したんだよ」と言われて喧嘩になり……。

「あのときの桃より、このかぶのほうがずっと甘くてジューシーで美味しい。まるで桃みたい。このかぶを、桃かぶとかピーチかぶとか名前を付けて売ればいいんじゃ

ないかな」

田中さんにそう提案してみると、彼は意外にも冷淡です。

「これは黒いかぶだからね……売れないんだ」

「えーっ、黒くなくて白いじゃないですか。なんで黒いかぶ？」

「皮が薄いから、洗うと傷がついて薄黒くなっちゃうんだよ」

正式な品種名は「はくれい」といい、サラダ向けのかぶなのですが、普通のかぶが皮がぶ厚くてしっかりしているのに対して、このかぶは皮が薄く扱いが難しい。このため市場では評価が低いというのです。かぶは見た目がいかに白く大きいかが市場では大切で、甘くて美味しくても見た目が悪いと市場流通できないということだったのです。

しかしそうした市場評価は、あくまでも農協的な規格の話でしかありませんし、消費者には関係ありません。しかも消費者の感覚は、あきらかに昭和の時代とは変わってきています。見た目がきれいでかたちが整っているよりも、美味しくて安心できる野菜のほうを好む人が増えてきています。小堀さんは「絶対に売れるはずだ」と直感し、

「これ、作付けしてください。売ります！」

と田中さんにお願いしました。寡黙で頑固一徹な彼は、最初は首を縦にふりません。「傷物は出したくないんだ」の一点張りでしたが、小堀さんの熱意に負けて、「じゃあ秋冬に試しにちょっとだけやってみるよ」と受けてくれたのです。

しかし「はくれい」という名前では一般ウケはしそうにありません。田中さんが「じゃあ名前をつけちゃえば？」と笑いながら言うので、小堀さんは「じゃあ遠慮なく……ピーチかぶで行きたいと思います！」と宣言しました。

とはいえ、野菜の名前を勝手に変えちゃったりしてもいいものなのか。会社に戻って上司に「すごいかぶを見つけて……名前を変えたいんですが、変えても大丈夫でしょうか？」と聞いてみると、「わからないから調べてみて」というお答え。

そこで種苗会社に問い合わせ、大田市場にも聞きに行きました。そもそものころの野菜の業界には、女性なんてほとんどいなかったので、市場の構内を歩いているると目立つこと目立つこと。

「ピーチかぶって名前はどうでしょう？」

「いや、そういうセンスの名前は……」

とはいえ、あくまで品種は品種であり、商品として売る場合は別だということは取材の結果わかりました。勝手に名前を変えて売っても大丈夫だというのです。ルールは特にないのですね。

そうして田中さんの「ピーチかぶ」は、オイシックスを介して世間に出たのです。これが小堀さんが野菜に名前を付けた、初めての体験でした。

そしてこれは予想以上の爆発的なヒットになりました。

ネーミングの妙はもちろんあったでしょう。しかしそれだけでなく、名前負けしない旨さがきちんと備わっていたことがヒットの理由だったのではないかと思われます。実際、田中さんはピーチかぶをつくるのにたいへんな苦労を重ねているのです。

なまで食べるかぶですから、かぶ特有のくさみが出てしまうといけない。かぶは扁平なかたちに育つとかぶ臭くなるので、肥料を変えたり、水やりの頻度を変えたりして、なるべく球体になるように調整します。気候が安定しないと急に大きくなってしまったり、割れてしまったりします。同じものはなかなかつくれません。洗うときも薄い皮に傷がつかないように、オリジナルの機器を田中さんが自前でつくりました。ここまでやって、ようやく瑞々しく旨いピーチかぶが出荷されるのです。

ネーミングから生まれる新たな物語

このすばらしく繊細なピーチかぶをはじめとして、その後、小堀さんは野菜にさまざまなオリジナルの名前をつけていくことになります。「こういう名前を付けたら売れるかな」というマーケティング的な発想ではない。彼女は「野菜が喋ってくるんです」と言うのです。実際に口に入れて咀嚼し、食べてみると、その感動とともに、名前がまるで降臨してくるのだそうです。

「なんてトロリとしたなすなんだ！　とろーっととろける……これはトロなすだ！」

「このかぼちゃ、なまで食べるとこりっとしていて美味しい……かぼっコリーね！」

こういう感じです。

トロなすは最初、白なすという名前で販売していました。色は真っ白ではなく、緑色です。でもまあ、紫色のなすにくらべれば白いので、白なすという名前にしてみたんですね。でもこの名前だと、全然売れませんでした。緑色だから緑なすのほうがいいかも、と思って名前を変えてみましたが、それでも売れません。会社からは「もう売るのはやめにしないか」と言われました。でももう一度考えてみようと、会社のキッチンで料理をし、みんなで食べてみます。普通のなすよりも細胞が連結しておらず、離れている感じの食感で、そして粘りがより強い品種です。フライパンでソテーして食べてみた時に、ピーンとひらめきました。

「これは野菜の中のトロみたいなものだ！」

トロなすの誕生です。販売開始して四年目のことでした。名前を変えて、爆発的に売れはじめました。

わたしもこのトロなすを愛用しています。てんぷらでも麻婆なすにしても美味しいのですが、わたしがよくつくるのは、この料理。

◎トロなすの油炒め
おおむね二センチから三センチぐらい、かなり厚めになすを輪切りにします。塩を振り、十五分ほど置いておきます。

水気が出てくるので、ぎゅっと絞り、多めの油を熱したフライパンで焼きます。両面をこんがりと。きつね色のいい感じになったら油を切って皿に盛りつけ、塩と粉山椒を振ってできあがり。

とろりとしたなすの旨さが引き立つ、シンプルな一品になりました。

野菜の種を販売している種苗会社は、春や秋に新しい品種が出ると、種苗品評会を開きます。この品評会に出向いた小堀さんは、そこで小ぶりのかぼちゃに出会いました。食べてみると、ちょっと水っぽい。「これ水っぽいですねえ」と種苗会社の人に言うと、返ってきたのは「そうですね。まあ生育の効率が良いところがメリットなので……」というあまり積極的ではないお返事でした。

でも、と小堀さんは考えます。水っぽいってことは、サラダでも食べられるってことでは？　なまで食べられるかぼちゃというと、鮮やかな黄色のコリンキーという品種もありますね。

かぼちゃを料理するときにめんどうなのは、丸のままだと切るのがたいへんということ。皮がぶ厚くて硬いので、女性の手だとけっこう骨が折れます。丸くて固定しにくいから、手を滑らせてケガしそうな怖さもあります。でもこのかぼちゃは小さいし、やわらかくて包丁がすっと入るから、そこの問題がクリアできるかも。そうピンと来たそうです。

「この子はいけるんじゃないかな」

小堀さんは野菜のことを「この子」って呼ぶんですね。かぼちゃは完熟させると、たいてい樹が弱ってしまいます。しかしこのかぼちゃは未熟で出荷すれば、樹が弱らないということも知りました。

「これは農家にもメリットがある。未熟で出荷で行こう!」

かぼちゃだけど、種も皮も食べられる。包丁で切りやすい——そういう売り文句で、名前もかぼっコリーと決まり、オイシックスでデビューしました。とはいえ、最初はお客さんの反応はいまひとつでした。「かぼちゃを生で食べるなんて……」と、かぼちゃへの先入観が強すぎたんですね。そこで加熱して調理したレシピをつくってみましたが、今度は「水っぽくて美味しくない」というクレームが。

原点に立ちかえり、女の子がかぼっコリーを丸かじりしている動画をユーチューブに投稿してみたところ、メディアからも取材が来て、一気に注目の的になったのです。

きのこの「軸」を販売しようと発案したのも彼女です。マッシュルームやえのきの、あの根っ子の部分だけ。料理するときに包丁で切って捨ててしまっている人も多いんじゃないかと思うのですが、実は軸ってけっこう美味しい。貝柱のような感じのうま味があって、凝縮されてる感じがします。だから農家の人たちは日常的に食べているのですが、これを販売しようとすると、上下をカットしてそろえなければならず、作業がかなりたいへんなのですね。

でも「こんな美味しいものを売らないなんてもったいない」と小堀さんは考えて、マッシュルームとえのき、しいたけの三つのきのこの軸ばかりを集め、セットにしてみました。すると発売から三週間で、なんと一万三千パックも売れるヒット商品になったのでした。

野菜に名前をつけ、新たな物語を与える。これが消費者に受け入れられる。ネット販売なのに、現物も見ずに、売れていく。ここには野菜のあたらしい消費のかたちが生まれてきているようです。

「規格外」の発想と神話破壊

小堀さんはもともとは農業や食品業界とはまったく関係のない仕事をしていました。大学を卒業し、新卒で大手銀行に入社。総合職として外まわりの営業を担当し、外貨預金や信託投資を販売していました。

銀行の仕事は決して嫌いではなく、大好きだったそうです。金融商品を販売し、人の夢をかなえてあげる。しかしやっぱり最初に目標としていた食の会社に入ろうと考え、オイシックスに入社したのです。

金融業界出身という、まったく外様の部外者である彼女が持ち込んできたのは、古い「食」の神話を破壊し、まったく新しい物語を構築するということだったように思えます。

流通のありかたも、規格も、味についての考えかたも、日本の食は古いたくさんの神話にからめとられています。

たとえば野菜や果物の流通を考えると、生産物は戦後の長い期間にわたって農協のコントロール下にありました。大きさや形、傷のありなしなどの規格こそがすべてであり、うま味がどのぐらい凝縮しているのかまで考慮されることはほとんどありませんでした。果物では一九九〇年代から各地の農協に糖度センサーが導入されるようになって、どのぐらい甘いのかが測られるようになっていきます。しかし果物の旨さって、糖度だけではありません。酸味とのバランスが大事なんですよね。

ピーチかぶをつくっている田中さんが作付けをはじめたとき、小堀さんにこう聞いたことがあります。

「規格はどうする？」

小堀さんは大きさについてはとくに考えていなかったので、

「じゃあだいたい二、三玉ぐらいで五百グラムでどうでしょう」

となんとなく決めたそうです。それまではすでに規格が決まっている野菜を仕入れるだけだったので、新しい野菜をゼロから規格も含めてつくるっていう経験がなかったんですね。ところが作付けがはじまったある日、畑を見に行ってみると、あの大事なピーチかぶが大量に捨ててあります。驚いて田中さんに聞くと、

「この前決めた規格に合わないから捨てたんだ」

という答え。農家さんにとっては規格は絶対のもので、田中さんのようなすばらしい農家さんでもそこから意識が逃れられないことを示すエピソードです。

こういう規格外のものを「ふぞろい野菜」と名前をつけて売ろうとしたところ、他の農家さんからもさんざん反対されたそうです。

「こんなもの売れるわけがない」「恥をかくぞ」

しかしお客さんたちにアンケートを採ってみると、「安全で美味しければ、形が悪くても買いたい」「規格外を安く買えるのなら嬉しい」という声が圧倒的に多かったのです。この結果を農家さんに見せて説得し、規格品よりも三割ぐらい安い価格

で販売をスタートさせたところ、想像を超える売れ行きでした。

二十一世紀になっても「きれいな形でなければ売れない」「規格から外れたものは好まれない」というような戦後の神話が、まだ農業の世界には色濃く居座っています。

食をめぐる、昭和の時代の神話。しかしこの神話は、いままさに解体されようとしています。

野菜から生まれる家族の会話

戦後の家庭料理の「伝統」や「ならわし」と思われていたものには、かなりいい加減で怪しいものがたくさんあります。もはや忘れ去られていますが、多くの家庭では野菜が合成洗剤で洗われていましたし、食卓ではうま味調味料が料理に山ほど振りかけられていました。土のにおいがして自然に近いものは「古くさい」「田舎くさい」と忌避され、人工的で化学的なものの方が「未来っぽくて進歩的」という理由で好まれていたのです。だから野菜も大きく、形がまっすぐで、同じ大きさにそろっていたものが好まれていたんですね。スーパーに行けば、まったく同じ形の野菜がまるで工業製品のようにずらりと並んでいて、そういう光景が良しとされていた時代でした。

こういう昭和の感覚はバブルの美食時代を経て、二〇〇〇年代になって急速に薄れていきます。そこに敏感に気づいたのが、もともと「食」の業界ではないところからスタートしたオイシックスのような会社、小堀さんのようなバイヤーだったといえるでしょう。

小堀さんは「大切なのは価格破壊ではなく、規格破壊なんです」と話します。規格のような古い物語を終わらせて、消費者と農家と企業の関係の中で、新しい物語をつくっていくということ。野菜のネーミングもそうした新しい物語のひとつなのでしょう。

オイシックスのスタッフは、お客さんからメールなどでいただく感想を読んでいるうち、あることに気づきました。それは、お客さん本人以外のだれかがかならず話に出てくるということ。たとえばこういう声です。

「夫に褒められました」

「子どもが野菜をお代わりしてくれました」

「ウサギがにんじんを喜んで食べました」

買ってくれた本人以外の話が出てくるというのは、どういうことでしょう。「これは……わたしたちの売っている野菜をめぐって会話が生まれてるってことでは？」

彼らはそう気づいたのでした。

「家庭で会話が交わされている場合の方が、感想などのメッセージを送りかえしてくれることが多いんじゃないかな」

「だったら会話が生まれやすいようにすることで、お客さまと自分たちのつながりをもっと強くできないだろうか」

そこで、野菜にメッセージをつけてみることにしました。ほうれん草を購入すると、農家の人のメッセージが届く。「ほうれん草農家の坂本です。わたしはこんな思いで、ほうれん草をつくっています。えぐみがないのがこのほうれん草の特徴なので、茹でる前にまず一度、塩だけつけて生で食べてみてください」

夕食の食卓にこのほうれん草が出て、すると家族から「これ何？」と聞かれる。なまのほうれん草を食べるなんて経験がない人が多いから、会話が盛りあがるわけです。そしておそるおそる食べてみるとほんとうに美味しく、ますます盛りあがります。そうして喜んでくれたお客さんは、メッセージを届けてくれるのです。

美味しい野菜が織りなす物語

野菜の美味しさを味わってもらうためには、野菜が前面に出てくる料理をつくってもらわなければなりません。たとえばほうれん草だったら、ぱりっとしたおひたしをつくってみる。

わたしはこんなやりかたでほうれん草のおひたしをつくっています。茹ですぎたほうれん草は歯がキシキシしたり、ぬるぬるになったりしますが、このやりかたならキシキシもぬるぬるもない完ぺきに旨いおひたしがかんたんにつくれます。

◎ほうれん草のおひたし

まずボウルに冷水を流しっぱなしにして、ほうれん草を振り洗いします。根元の部分をたばねて握って、ボウルの水の中で振りながら洗う。まず根っ子側をよく洗って土をていねいに落とし、ひっくりかえして葉っぱの側は折れないようにやさしく洗う。

あらためてボウルに冷水をため、ほうれん草を活けておきます。できれば三十分ぐらい。ほうれん草が水を吸って、見る間にぱりっとしてくるのがわかります。

さて鍋でたっぷりの湯を沸かし、ほうれん草を一株入れてわずか十秒。引き上げたらすかさず氷水の中に沈めます。これをひと束分くりかえしたら、ほうれん草を氷水から引き上げてやわらかく絞り、包丁で四等分。少量の醤油で和えて、深鉢にこんもりと盛ってできあがりです。

もうひとつ、玉ねぎを考えてみましょう。つかい勝手がいいので、たいていの家に常備されていますよね。

カレーライスに入れるのはだれでもやっていることだと思いますが、カレーの味に覆われてしまって、玉ねぎの本来の旨さを感じるのはちょっと難しくなってしまいます。もちろん、舌の敏感な人だったら、カレーライスの中にある玉ねぎの甘さをきちんと感じ取れるでしょう。でもそんなに食の世界に慣れていない小学生の子どもだったら？　玉ねぎのうま味を味わって、と言われてもちょっと困ってしまうでしょうね。

わたしだったら、「玉ねぎのフリッタータ」がおすすめです。これは料理研究家の米沢亜衣（現・細川亜衣）さんが『イタリア料理の本』（アノニマ・スタジオ）という本で紹介している料理です。この本はほんとうにおすすめで、装丁された本の見た目もとても美しい。箔押しされたイタリア語があって、シンプルで上品なブックデザイン。ページを開いてみると、さらに驚かされます。ページいっぱいに印刷された写真は、どれも薄暗いのです。ぼんやりとしていて、鮮やかな原色などほとんど出てきません。

だからといって美味しそうじゃないかというと、全然そんなことはないのです。何というか、こういうイメージです――南欧の強すぎる太陽の光、きらきら光る地中海の水面。そんな光景を見ながら訪ねていった先は、親しみやすい地元のおばさんが経営している食堂。中に入ると強い光は遮断されていて、ひんやりとしたやさしい薄暗がりが身体にやさしい。その食堂でおばさんは、地元の料理をそのままに出してくれる。座って待っていると、鶏とにんにくを煮込んでいるとてもいい香りが親密な空間に立ちこめてくる。

わたしはこの本からいくつかの料理のレシピを学んで、たくさんの刺激も受けました。その中でも、いちばん気に入ってときどきつくっているのが「玉ねぎのフリッター夕」です。イタリア料理店でフリッタータを頼むと、たいていは薄いお好み焼きというか韓国のチヂミのような感じで具材を入れてたまごを薄焼きした皿が出てくるのですが、このフリッタータはまったく違います。

自己流にアレンジしていますが、こんなにシンプルな料理です。

◎玉ねぎのフリッタータ

まず、大きな玉ねぎ一個を薄切りにします。たっぷりのオリーブ油とともにフライパンでゆっくりと炒めていきます。とろりとなったら、薄めに塩かげんして、溶きたまご一個分を流し入れます。大きく混ぜて、ほんのり半熟になったところで火を止める。

ただこれだけなのです。「ただの玉ねぎ炒めじゃないか!」という人もいそうですが、たっぷりのオリーブ油で炒めること、そして大きな玉ねぎ一個に対してたまごをわずか一個しか入れないということが、普通の玉ねぎ炒めとまったく違う料理にしています。シンプルであるがこそ、実はそんなにかんたんじゃありません。玉ねぎはなまっぽいと美味しくないし、炒めすぎるとくったりしてしまって、それも食感が良くありません。ほどよく、なかばくったりとなったぐらいで押さえること。たまごもボソボソになってしまうとまったく不味いし、かといって火が通っていないと卵液が皿に流れだしてしまいます。全体がふわりと、しかも玉ねぎとうまくからんでいるようにつくること。

この玉ねぎのフリッタータを美味しくつくることができれば、食べてくれた人が「玉ねぎってこんなに旨かったんだ！」と驚いてくれることは請け合いです。著者の米沢亜衣さんは、こんな素敵な思い出話を書いています。

いつもは肉が食卓に並ぶトスカーナの家で、たまに、今日は肉がないから……と作ってくれるのがフリッタータ（卵焼き）だった。玉ねぎだけ、ズッキーニと玉ねぎ、カルチョーフィと生ハムの切れ端。具はこの3パターンで、卵はつなぎ程度にしか入らない。卵料理なのに、ほんの少しの卵で、しかしこんなにも卵の役どころを感じさせる料理を、私は他に知らない。

これこそが、まさに食の物語ですね。

物語の必要性

新鮮な野菜や美味しい食事を前にすると、わたしたちはさまざまなことを語りたくなってくる。

オイシックスの小堀さんは野菜の料理の話をしはじめると、ほんとうに嬉しそうに、もうことばが止まらない！ という表情になります。その様子がとても幸せそうで、聞いているわたしのほうまでなんだか幸せな気持ちになっていきます。

「れんこんは、皮ごと食べようと提案してるんです。皮ごと、まんまのステーキにしちゃう。皮を剥かなければれんこん料理ってめんどくさくないので楽なんですよね。そもそも売ってるれんこんの皮が茶色かったり黒かったりするのは、傷んでるからじゃないんですよ。鉄分が含まれてて、その色が出てるだけなんです。逆に白すぎるれんこんは、漂白剤をつかってる可能性があります。だから茶色や黒でも皮ごと食べちゃう方が楽だし、美味しいんですよ〜。栄養価はどんな野菜でも葉とか根、皮にあって、オイシックスが減農薬にしてるのはそこを食べてほしいからなんです」

「普通のもやしって、エチレンガスと水でつくってるのですごくひ弱。でもオイシックスのもやしが高いのは在来の大豆をつかって土で育てていて、だから根っ子も長くて力強くて日持ちもします。リラックスさせる効果があるといわれている栄養成分のギャバも、普通のもやしより豊富に含まれてます。しっかりして硬いから、もやしを肉で巻いた料理だってつくれちゃう。軽く煮て味噌を溶けば、だしいらずの味噌汁ができちゃうんですよ。これがまた美味しいの！」

「うちの子どもの保育園で、他のお母さんに『うちはセロリの葉を食べさせてる』って話すと、みんな驚くの。『えっ、セロリの葉を食べるんですか？』って。セロリ本体さえ苦くて食べない子が多いのに、葉っぱを食べるなんて信じられない、ってね。だけど、うちはゴーヤーだって子どものころから食べさせてるの。『かけっこが早くなる』『腕ずもうが強くなる』と教えながら、スライスして塩でもんで苦味を抜いてチャプチェにしちゃうんです。するっと食べちゃうよ」

チャプチェというのは、春雨や牛肉をごま油で炒めて、あまからく味つけした料理です。たしかにこの料理なら、ゴーヤーとかセロリの葉っぱを混ぜても子どもでも食べられそうですよね。

小堀さんの話を聞いていると、ぐらぐらとお腹がなってきました。わたしも何かつくることにしましょう。今日は、恵比寿のオイシックス店舗で買ってきた塩味のインスタントラーメン。

油揚げ麺をつかっているけれどけっこうコシがあり、スープはあっさりしていて旨い。インスタントラーメンは登山に持っていくぐらいで、日ごろ自宅では食べないのですが、このラーメンはけっこう気に入りました。

ただ具材は何も入っていないので、何かひと工夫がほしいところ。さて、どうしようか。

冷蔵庫に野菜がたくさんあったので、湯麺《たんめん》にしてみます。

◎野菜たっぷり湯麺

用意するのはしゃぶしゃぶ用に売っている豚ばら肉の薄切りと、キャベツやにんじん、もやし、小松菜などお好きな野菜。そしてかたくり粉。野菜は細かく刻みます。豚ばら肉はひとくちサイズに手で裂いて、かたくり粉を少量まぶしておきます。ラーメンの袋に書いてある分量通りにお湯を鍋で沸かします。沸騰したら豚ばら肉を入れて、しばらく煮ます。あくをとりましょうね。あくがなくなったら、野菜を加えてさらに煮ます。もうひとつたっぷりのお湯の鍋を用意して、麺を煮ます。

野菜は茹ですぎないように。豚ばら肉と野菜の鍋にスープを入れて溶かします。麺はお湯を切って、どんぶりに。その上から具とスープをかけて完成。


麺のうえにこんもりと具材を盛り上げると、美味しそうな見た目になります。透明なスープがあっさりしていながらも豚の脂を吸ってコクがたっぷりに。かたくり粉のおかげで豚はぷるん、とした食感になり、スープも少しとろみが出て、味わい深さがいっそう増しました。

さて、お腹がいい感じに満足したところで、小堀さんの話をもう少し深掘りしてみましょう。彼女はなにを人々の食卓にもたらそうとしているのでしょうか?

野菜のネーミングにしろ、意表を突いたさまざまなレシピにしろ、それらは食卓の「話題」をうながしていくものです。つまりはネーミングという駆動輪によって野菜をめぐる物語がつむがれ、それが食卓での会話をうながし、ともに食卓をかこむ家族や友人、仲間たちとの楽しい時間を補強していく。

では、この物語というものの意味を、さらに考えてみます。

そもそも物語がなぜ必要なのでしょうか？　食卓の物語とはいったいどのようなものなのでしょうか？　なぜわたしたちは、単なる野菜を購入するという行為に「物語」を感じ、感動することができるようになるのでしょうか？

野菜のような日常の買い物に「楽しい体験」という感覚を持ち込むことは可能なのか？　と疑問を持つ人もいるでしょう。好きな服やバッグを買いに行くときには心躍る人は多いと思います。気さくな友人たちや恋人とレストランに食事に行くときも。でも近所のコンビニに、いつも買ってるミネラルウォーターの一・五リットルのペットボトルを買いに行くときに、「楽しみだなあ」と思う人はほとんどいませんよね。野菜もそれと同じようなものなのでは？

実際、ネットの買い物は孤独です。親しい友人たちとウィンドウショッピングをしているのと違い、パソコンやスマホに向かっているときはたいていひとり。「家族のために美味しい野菜を」と思いながらも、それが決して楽しい行為にはなっていないのが現実でしょう。快楽と楽は違います。楽を提供するだけでは、単に重くて買いにくいめんどうなものをネットで買うようになるだけで、ネットも店舗も含めた新しい体験というのにはほど遠いですよね。

美食は非日常の「エンタテイメント」

一方で、美食というのは快楽であり、とびきりのエンタテイメントです。

ピカピカに磨き上げられた、レストランのオープンキッチン。

清潔なシェフコートに身を包んでテキパキと立ちはたらく料理人たちのほれぼれするような立ち居振る舞い。

テーブルに供される、湯気の立った美味しそうな皿の数々。

高級レストランで楽しまれる美食はいまや驚くほど進化し、高度化し、多様になってきています。ひとことでいえば、「超」がつくほど面白い世界になってきているのは間違いありません。

しばらく前に、世界のあちこちのレストランを食べ歩いてきたという若い日本人ソムリエと話す機会がありました。彼は言います。

「いまの美食の潮流って、完全にエンタテイメントになってきています。スペインのエル・ブジやデンマークのノーマの料理が典型的ですが、たとえば皿の見た目が枯葉の落ちている地面にしか見えないのに実は美味しい料理だったり、ドライアイスのスモークで演出したりと、とにかく体験を重視するようになってきています」

まさに３Ｄのハリウッド大作映画か、ディズニーランドか、といったところです。食が単に「食べる」ということから、体験型エンタテイメントに変わってきているのです。単に美味しい料理を食べるだけでなく、そこに飛びきり斬新であっと驚かされる体験が伴わなければ、という方向に進んできているのは間違いないようです。

料理評論家山本益博さんの『美食の世界地図　料理の最新潮流を訪ねて』（竹書房新書）という本は、すばらしく美味しそうな表現でこういう新しい先端料理の世界を描かれているので、少し引用して紹介してみましょう。ロンドンの「ザ・ファット・ダック」というレストランです。

> 続いては「サウンド・オブ・ザ・シー」。海の響きと題された料理は、ガラスの板にさばとかれいとあわびが並び、ひじきが添えられ、海草と野菜のエッセンスの泡がふうわりとかけられている。魚介の下に敷かれているのはタピオカとシラスで作った砂である。そして、これと一緒にほら貝の貝殻が運ばれてくる。そこにはｉＰｏｄが仕掛けられていて、イヤホーンを耳に当てながら食べなさいというわけである。

聞こえてくるのは、波の音とかもめの鳴き声。今回はさらに汽笛の音が加わっていた。目を瞑《つむ》ると、海辺にいるような感覚になってくるから不思議である。食べ手を海辺に連れて行ってしまう一皿。

日常の料理とはまったく違う異世界だということがよくわかります。この描写にもあるように、西洋の料理人が昆布だしや海苔、ひじきなどの和食の食材をつかうことはもはや珍しくはなくなりました。

フランス料理やイタリア料理といった国や民族ごとの区分けもあまり意味がなくなってきています。フレンチはこってりしたソースが中心で、イタリアンはパスタ、というのはかなり昔の常識で、いまのフレンチはかなりあっさりしてますし、パスタを食材としてつかうことも多い。

先ほど先端的な美食の代表例に挙げられたエル・ブジはスペイン、ノーマはデンマークで、昔のようにパリやミラノ、ニューヨークに高級レストランが集中しているというだけではありません。最近ではペルーのガストン・アクリオや、ブラジルのアレックス・アタラなど、かつてはまとめて「エスニック料理」扱いされていたような国の料理人も、超一級の美食のシェフとして認められています。もはや「○

○国の料理」というのはあまり意味を持たなくなり、それぞれのシェフがそれぞれのオリジナルな料理を創造していくという、個人の妙技の世界へと入っていっているのです。

美食という非日常はこのように体験としてのエンタテイメントへと変化していっています。

日常の料理の面白さを知る

しかし物語は、美食だけではありません。

最近、インターネットでは料理の動画がたいへん人気を集めていて、これも新たな物語消費です。

アメリカに「バズフィード」というインターネットの新しいメディアがあります。いまやニューヨークタイムズよりも多くの人が読んでいると言われるぐらいに影響力の大きなメディアなのですが、ここでトップの人気を誇っているのは、「美味しい」を意味する「テイスティ」という料理の動画シリーズ。

この「テイスティ」はわたしも好きでよく見るのですが、ほんとうに楽しい。料理している鍋やフライパンを真上から撮影し、軽快な音楽とともに早まわしで見せるというものです。早まわしなので、ややこしい手順の料理もだいたい三十秒ぐらいでできあがってしまい、すごくかんたんな感じに見える。完成した料理に最後にナイフとフォークを入れて、肉汁なんかがとろりと垂れてくる感じが映像になっていて、もう見ているだけでお腹が空いてきます。肉がジュウジュウ焼けるような音や映像の感覚を「シズル感」といいますが、まさにシズル感たっぷりの動画がこのテイスティなのです。

「テイスティ」の動画は、たぶん料理をしたことのない人にも楽しめるでしょう。実際、材料や調味料の名前は表示されますが、どのぐらいの分量をつかっているのかはまったくわかりませんし、よほど料理に慣れている人でなければレシピを再現できないのでは、と思われます。だから「テイスティ」は、実際に料理をしてもらうための動画ではなく、あくまでもエンタテイメントとしての料理動画と考えるべきなのでしょう。だからこそ、「テイスティ」の動画はどれも何百万回、中には一千万回以上も再生されているのです。実用性ではなく、エンタテイメントだからこその数字でしょう。

しかし「テイスティ」の動画は、決してすごい美食の皿をつくっているのではありません。エル・ブジのキッチンでフェラン・アドリアが料理しているのを見ているわけでもなければ、数寄屋橋で小野次郎さんが寿司を握ってるのを撮影しているのでもない。どちらかといえば、ごく普通のアメリカの家庭料理です。

こういう普通の家庭料理をつくっているのをみんなで見て楽しむ、というのはなんだかとても面白い傾向ですよね。

ハレとケ、日常と共感

ハレ（祝祭）とケ（日常）という有名なことばがあります。

いまはハレよりもケの重要さが高まっている時代といえるでしょう。これは食に限らず、あらゆる場面にその傾向が現れてきています。たとえばファッションの世界ではトレンドを追い、おしゃれで個性的な服を身につけるのよりも、ごく当たり前の服を当たり前に着るのが良いという「ノームコア」ということばが語られています。このノームコアの哲学については、最後の章でふたたび触れることになるでしょう。

編集者の菅付《すがつけ》雅信さんは、「ソーシャルメディアがファッションの役割を変える」と指摘されています。自己表現がファッションではなく、フェイスブックやツイッターなどのSNSに変わってきているという意味です。昔はおしゃれな服や高いブランドの服を着て、ルイ・ヴィトンのバッグを持っていれば、「この人お金持ちかな」「カッコいい」と思われ、自己表現となり得るということがありました。だから、自己表現の手段として高い服を買っていたということがあると思うのですね。

でもいまは、SNSがある。着飾っていても、「いつも日常はジャージ着てダラダラしてるじゃん」とばれてしまうわけです。人と会ったときに着飾ってみせるよりは、日常をきちんと構築していた方がその人の評価が高くなる、という現象が起こっていると思います。これは食事でも同じ。デートで高いフレンチに連れて行ったって、「何を気張ってんの？　いつもはラーメンばっかり食べているのに」ってバレてしまう。だから気張ってフレンチに行くくらいなら、日常から料理男子をしているほうが、その人がきちんとしているなっていう証明になるのです。

二〇一二年に東京都現代美術館で「フューチャー・ビューティー」、未来の美と題する展覧会が開かれたことがあります。副題は「日本ファッションの未来性」で、ファッションのいまと昔を考えるという内容だったのですが、ここでも二〇〇〇年代の特徴として、従来のような革新性ではなく、「日常の行為をもとにした共感世代のデザイン」に変わると指摘されていました。

日常、共感。このふたつは大切なキーワードです。

食の世界でも、以前は「食文化」といえばあくまでも美食のことを指しました。いかにすばらしい食材と最高の料理を追い求めるのかということが、つねに食の世界では語られてきていたのです。しかしこの時代には日常の健全な食事の大切さも必要なんだ、ということが再認識されつつあります。

わたしたちがいま求めているのは、素朴で健全で、そしてとても美味しい食事。そしてそういう食事をみんなで味わい、会話を楽しみ、幸せをかみしめる時間。それによって生きている喜びをわかちあい、これからもがんばっていけるような勇気を抱かせてくれること。そういう生活のありかたです。

だからここでつむがれる物語というのは、決してハリウッドの大作映画のような派手な物語ではありません。ささやかな、日常の物語なのです。

すべてがお膳立てされ、周到に用意されている豪華な物語と、素朴で気持ちのいい、ささやかな日常の物語。

健全な日常の食事には、高級レストランでびっくりするような料理が出てきたときや、ハリウッドの大作映画を観たときに感じるような驚きや昂奮はありません。

アメリカ映画とフランス映画、日本映画をくらべた時、こういう切り口があります。

「アメリカ映画は物語を描き、フランス映画は人間関係を描き、日本映画は風景を描く」

ハリウッド映画は完ぺきなプロットの世界で、物語という構造を徹底的に鍛え抜いてつくり上げ、導入部からラストシーンまで破綻なく一本道を走り抜けられるように構成されています。

フランス映画の中心的なテーマは、関係性です。夫婦、父と子、男と愛人、友人関係など、そこに生まれる愛惜と憎悪をともに描くことによって、人間社会の重層性を浮かび上がらせます。

一方で日本映画は、わたしたちが目の前のできごとにどう対処すればいいかわからない、そういう哀しみを描いていることが多いように思えます。社会問題や人間関係の葛藤、他人の苦しみ、自分の痛み。わたしたちにとって、それらはすべて「風景」で、どんなに深く関わろうとしても、しかしどうしてもコミットしきれないものとして、目の前に置かれている。そういう感覚です。だから日本映画には、向こう側に突き抜けられないことによる透明な悲しみが漂っています。

いま、目の前にあること。それに対する愛おしさと言い換えてもいいかもしれません。

その感覚は、本書で述べてきた健全な日常、素朴で気持ちいい暮らしへの向き合いかたに通じるものがあります。目の前の舞台やスクリーンで演じられる、向こう側の世界に触れた感動ではなく、自分がまさにそこにいる、「自分ごと」化された体験。そのうえで自分自身と、家族や恋人や仲間たちとともに一緒にいるという安心感の中で生まれてくる共感とコミュニケーション。団らん。

そのような物語なのです。

トマトをめぐる冒険

二〇一五年秋、わたしは友人に誘われて福島県の会津只見地方にある「さんべ農園」を訪れました。只見には、名産として知られる南郷トマトを出荷している農家が百二十軒ばかりもあり、さんべ農園の三瓶清志さんはそのリーダー的な存在です。

さんべ農園で衝撃的だったのは、まだ緑色のトマトを手渡され、「さあ食べてみてください」とうながされたことでした。緑のトマト……。あまり一般に知られていない事実かもしれませんが、たいていのトマトは緑色のまま出荷され、農協から市場、スーパーと運ばれていくあいだに赤くなっていき、店頭にならんでいて消費者の目に触れているときがいちばん美味しそうに見えるように計算されています。もちろん、畑になったまま完熟させた方が美味しいのにきまっている。だから農家さんから消費者の手に直接届けているような直販サービスで購入できるトマトはやっぱり美味しいんですよね。たいていの場合、そういう直送では朝獲れたトマトは翌日にはわたしたちの手もとに届くわけですから。

ところが、さんべ農園のトマトは赤くない。スライスされた緑のトマトをいただきました。そして驚いたのが、これが飛びきり旨かったということです。熟していないので、食感は普通のトマトと違ってシャリシャリとしていて、瑞々しい。

そして味は、なんとも表現しにくいすばらしさ。青く酸っぱいだけかと思えばまったくそんなことはなく、酸っぱいけど甘いのです。

三瓶さんは「トマトは甘味と酸味のバランスが大切なんですよね。甘いだけではだめだし、酸っぱいだけでもだめ。そのバランスがどこに取れているかということなんです」と話し、「旨いでしょう?」とにっこり笑いました。

青い南郷トマトはなまで食べるだけでなく、料理につかうとその酸味の強さが前面に出てくる感じで、非常に鮮やかでした。たとえばトマトの煮込み。

◎トマトの煮込み

にんにくとしょうがをみじん切りにし、厚手の鍋にオリーブ油をたっぷりたらして弱火で火にかけます。鶏のもも肉をぶつ切りにし、鍋に投入。鍋肌にひっつかないように気を付けながら色が変わるまで炒めます。そして、皮を湯むきしてざく切りした南郷トマトを投入。火を弱めてじっくりと煮込んでいきます。水は入れません。やがてトマトが煮崩れ、鶏肉やにんにくと一体化していき、どろりとしたトマトシチューができあがります。最後に塩をほんの少し振って味つけし、完成。

いい香りのシチューをスプーンですくい、口に運ぶと、酸味が鶏の油を包み込んでいてほんとうに最高。

青い南郷トマトで、フライドグリーントマトもつくってみました。

フライドグリーントマトということばを聞いて「ピン」ときた人は、かなりの映画好き。一九九一年のアメリカ映画です。ジョージア州の片田舎を舞台に、幼なじみの女性二人が経営する食堂「ホイッスル・ストップ・カフェ」をめぐる物語。夫からの暴力に耐えながら、差別意識の強い南部で黒人やホームレスも食堂に受け入れていく二人。しみじみとした人生を描くすばらしい作品です。

食堂が舞台の映画なので、巨大なかまどで焼かれるバーベキューやチェリーパイなど、さまざまな料理が登場します。もちろん主役はグリーントマトのフライなのですが、実は映画の中にはちょっとしか描写されません。最初は、食堂をはじめたころにこの料理に挑戦し、でも黒焦げになってしまっていかにも不味そうな出来具合で、相棒に食べさせてみたところ「不味い」と言われてしまうシーン。もうひとつは、何十年も経ったのちに老人ホームで食堂のことを回想しているシーンで、教わったレシピどおりにつくられたフライドグリーントマトがきれいに箱に入れて包装され、老いた彼女にプレゼントされるシーンです。さくっとして美味しそうなのですが、どうつくったのかはまったく紹介されないんですね。

なのですが、実は原作の小説の巻末には、登場する料理のレシピが載っています。この中にフライドグリーントマトももちろんあって、こんな感じ。

用意するのは、青いトマトと塩、こしょう、コーンミール（とうもろこし粉）、ベーコンの脂。まずトマトを四分の一インチ（だいたい〇・六センチぐらい）にスライスして、塩とこしょうを振り、両面にコーンミールをまぶす。大きなスキレット、つまり鉄のフライパンでベーコンの脂を熱して、トマトの両面を焼く。

書かれている手順はたったこれだけです。もうひとつ「ミルクグレービー（肉汁）をかけたフライドグリーントマト」というレシピもあります。

こちらはトマトを卵汁にくぐらせた後にパン粉をつけて、ベーコン脂で揚げます。フライパンに小さじ一杯の脂を残し、同量の小麦粉を入れてよく混ぜ、さらに一カップの牛乳を入れて煮詰めます。要するにホワイトソースですね。塩とこしょうを振って、トマトのうえにとろりとかけてできあがり。

これはそれなりに美味しそうですが、日本人的にはベーコンの脂って揚げ物をするほどたくさんは手に入れにくいし、ちょっと全体に濃厚すぎるかな。コーンミールだけを衣にするのもちょっとどうかなあ……という感じもします。

そこで、日本のフライ風にアレンジして南郷トマトでつくってみました。

◎フライドグリーントマト

まず南郷トマトを一センチぐらいにスライスします。これに塩・こしょうをさつめに振り、小麦粉をまぶし、溶きたまごをくぐらせて、パン粉をまぶします。天ぷら鍋で一六〇度に熱した油でじっくり揚げて完成。熱々のあいだにかぶりつきます。

かりっとしたフライをかじると、酸味と甘味が濃密なとろけるトマトの果実が、口の中にじゅわっと広がる。旨い！

このようにして古い映画を思い出し、そして新しい味覚と出会い、「トマトを揚げる」というあらたな調理法を知る。わたしにとっては只見の青い南郷トマトは、さまざまな新しい体験そのものでした。

この体験は、「トマトをめぐる冒険」という物語にはまり込むようなものです。三瓶さんという農家の人と実際に出会い、その温かいお人柄に触れながら、彼の育てたトマトを食べる。そして青いトマトといういままでにない出会いに驚き、そこから昔観て感動した映画を思い出し、映像の中で食べられていた料理を再現しようと思う。そして実際につくり、その旨さに感動し、この一連のトマトをめぐる冒険をしみじみと振りかえる。それはわたしにとっては、ひとつの物語を編むような体験だったのです。

日常の喜びを知る――「くらしのきほん」

戦後間もなくからつづく伝説的な雑誌「暮しの手帖」の編集長を九年間も務められた松浦弥太郎さんは、二〇一五年にインターネット企業のクックパッドに移籍し、「くらしのきほん」というウェブメディアを立ち上げました。

料理や掃除、園芸などの日々の生活の「きほん」が書かれているメディアです。松浦さんは当初、他のウェブのメディアと同じように「衣類」「食事」「住居」といったジャンルに動画や記事を分類し、ジャンルからたどれるような形式を考えていました。しかし「これは自分のやりたいことと違う」と思ったそうです。たとえば自分がぶらりと買い物に出る時に、そこには明白な目的があるわけじゃありません。その気持ちはときには「今日は暑いからあっさりしたものを食べたいなあ」という漠然とした欲求かもしれないし、あるときには何か心の中に厄介なことを抱えていて、何かを買って気分転換したいだけかもしれない。ぶらっとコンビニに行って、目に入ったあんぱんや炭酸水を買うという行為が、自分にとって癒やしになるということはありますよね。

そういうふわりとした気分やムードが、実は日常にとっての大切な要素になっている。そこに松浦さんは気づいて、メディアの構成を全面的に見直しました。スタートした「くらしのきほん」には、「今日のわたしは。」という文章のあとに「あいする」「すてきなこと」「むきあう」「自分らしく」「なつかしむ」などという気分が並んでいます。「ありがとう」を開くと、中には「手紙を書くように」という見出しの記事があって、いちごが鍋の中に並んでいる写真があります。これはいったい何？　と記事をクリックすると、こんなふうに書かれています。

「ありがとう、という気持ちを伝えたい時、あの人にプレゼントをさしあげたい時、たとえば、元気のない方を励ましたい時に、料理というのは、とてもすてきな贈りものになります」

「ジャムを煮ている時こそ、あの人この人と顔が浮かびます。ありがとうと感謝を伝えたい人を思い出すというか、自然とそんな気持ちになるのです」

「お玉でジャムをかき混ぜていると、出来上がったらあの人に届けようと、ふと思ったり。そんなことをジャムが教えてくれるのです。ジャムを煮るとは、誰かに手紙を書くことと似ているのかもしれません」

そして最後に、ジャムのつくりかたの説明があります。ありがとうの手紙を書くように、ジャムを煮る。ただジャムのレシピを書くのではなく、なぜジャムをつくるのかという、そのときのわたしたちの気持ちにまで踏み込む。

松浦さんは話します。

「目的を持ってではなく、自分のいまの感情にふれることをきっかけにして日常を見直すと、暮らしのいろんな断片というのはとても身近なものであるけれども、時には特別な思いにもなるのです。ジャムを煮るというのはどうってことないことだけれど、でも手紙を書くようにジャムをつくって瓶に詰め、ラベルに『〇〇さんへ』と手書きで記すと、そこには新しいものが生まれるなと思うんです」

もうひとつ記事を見てみましょう。「おさらい」には、さまざまな家事のきほんをもう一度おさらいしようという記事が並んでいて、そのひとつに「こころもすっきり」というのがあります。ここに書かれているのは、テーブルの拭きかた。

松浦さんが部下の編集スタッフにこの記事を提案すると、最初はみんな「え？」という反応だったといいます。テーブルの拭きかたの説明なんてひとことですんじゃうじゃないですか、と。でも松浦さんが実際に記事を書き、動画も撮影してみんなに見せると、「ああ、松浦さんのおっしゃっていたことがよくわかりました」とスタッフたちは納得したそうです。その記事の最後にはこうあります。

「いくらしっかり水気を絞ったフキンでも、わずかに水分が残っていますので、しっかり拭いたテーブルは濡れた状態です。ですから、乾いたフキンでもう一度同じように拭きます。これで完璧です。きれいなテーブルに、器やお皿を置くと、不思議といつもよりすてきに見えるものです」

「きれいに拭いたテーブルで、食事や仕事をすると、たいへん気持ちがよいものです。単に汚れを取ればいいということではなく、何かをする前と後に、心をこめて準備をし、片付けをするということが、大切な作法なのです。どんなに忙しくても、この時だけは心を鎮めて、ゆっくりと行いましょう」

神は細部に宿る、ということばがあります。大げさな娯楽ではなく、日常という目の前の小さなできごとに心を込めることで、そこには喜びが生まれる。

「暮らしや仕事にはたいへんなことがいっぱいあるし、そうそう面白いことが日々あるわけでもありません。そう思っている人は多いと思うのですが、でも素敵なことって実はたくさんあるのです。それは自分の考えかたやとらえかたひとつで変わってくる。ふだんはめんどうくさいなと思ってやっていることが、『くらしのきほん』の記事や映像を見てもらうことで、実は素敵なことだったんだという気づきを感じてもらえれば嬉しいです」

流行や大げさな娯楽ではなく、日常にもう一度意識を向けてみるということ。義務感から家事をするのでは抑圧になってしまいますが、そういう方向に向かわずに、どう気持ち良さを感じるような導線をつくっていくのかということなのでしょう。

それこそが「暮らし」という名前の日常の物語であり、その物語をつむぐことで、わたしたちは義務感なしにゆるゆると、暮らしに向き合っていくことができるのです。

ゆるやかな物語性

そう、この「ゆるゆる」ということは、健全な日常の物語にとってとても大切です。

「ゆるゆる」とは、楽しめる日常の物語。わかりやすくて難しくなく、気持ちいいこと。めんどうごとから解放されるということ。物語というものは、つねに過剰になりがちです。目の前の敵と対戦するマンガやゲームがつねにエスカレートし、敵がどんどん強くなっていくように、つねに物語はエスカレートしたがる。そうやってエスカレートした物語は、つねに安易に消費されていく。そうやってエスカレートしていった先が、「反逆クール」というエリート主義の誕生なのです。だから反逆クールはつねに過激な原理主義的になりたがる。添加物やうま味調味料といった人工物を徹底的に忌避するようになり、「無農薬の野菜しか口に入れちゃダメ」「工場でつくられたパンはカビが生えないから怪しい」といった極端な意見に乗せられるようになってしまう。

物語の過剰さと安易さ、過激さを押しとどめるためには、わたしたちはつねに遊びの部分として「ゆるゆる」を保っておかなければなりません。

人は食をどうしても過剰に難しく考えてしまいます。前の章で紹介した紫原明子さんのように、子どもに「きちんとしたものを食べさせなきゃ」という義務感を感じてしまう人はとても多いのです。この「きちんと」がどの程度のものなのかを、どう判断するかは人によってまちまちで難しい。

食に気を遣いすぎると、「オーガニックじゃなきゃダメ」「化学調味料は絶対つかわない」「手を抜いちゃダメ」とどんどん過度に行きすぎてしまい、自縄自縛になって自分で決めたダメが多くなり、日々の料理がまったく楽しくなくなってしまう。「反逆クール」は、自分自身に対する制約がきわめて大きくなり、ほんとうは楽しくないのです。

家族や恋人や気の合う友人たちと会話しながら、ゆっくりと食を楽しみたい。そのためには、食にまつわるめんどうごとから解放されることも大切なのです。

オイシックスにKitOisix(キットオイシックス)という商品があります。下ごしらえずみの食材や調味料がセットになっていて、ご飯がたったの二十分でつくれるというものです。

単なる食材と調味料のセットではなく、かといって完成した料理でもない。いまはみんな忙しくて料理に時間をかけられなく、時短をしたいんだけど、でも手抜きはしたくないという二律背反の気持ちがある。

時短だけど、ちゃんと料理してるんだよという、そういう「誇れる時短」みたいなことをサポートできないだろうかと考えて、キットオイシックスが誕生したのだそうです。二十分でつくれるけれども、食材は美味しく、オーガニックで安全性も高い。しかもレシピ自体がかなり良くできています。著名シェフとコラボしたレシピもあり、普通の家庭では思いつかないようなオリジナリティのあふれた料理もできてしまう。

日常の食事だけど、こういうちょっとしたスペシャル感を加えることで、食事が少し違うものに見えてくる。難しくなくかんたんで、そして物語もある。

わたしは先ほど、これからの食には「物語から始まる会話」と「わかりやすくて難しくなく、気持ちいいこと」の二つのパーツが必要だと書きました。キットオイシックスはそこをうまくまとめていますね。

たしかにキットオイシックスはとても良くできていて、わたしも何度か購入してかなり楽しめました。

ちょっと休憩がてら、つくってみましょう。

選んだのは、「ラップでできる三色太巻き」。セットに入っているのは、きゅうり一本とたまご一個、寿司の海苔ひと袋、赤しそのふりかけとマリネ液。ご飯は自分で用意します。マリネ液がなんで入ってるの？　と思ったら、これを寿司酢につかうんですね。なるほどなあ。

まずきゅうりを縦に四つに裂くようにして切っておきます。たまごはレンジで分加熱して、やわらかい炒りたまごに。ご飯を半分にわけて、片方には炒り玉子とマリネだれ、片方には赤しそふりかけとマリネだれ。そして添付されているレシピ写真のとおりに、海苔を広げてご飯を載せて巻いて細巻きにして、もう一枚海苔を置いてご飯を置いてその上に細巻きにしたのを載せて巻いて、とやってみると、あっという間に三色太巻きができてしまいました。

巻き簀もつかわず、なんとラップだけでこんなにかんたんだったとは。

キットオイシックスは、この「あえてひと手間残す」という感じが絶妙なんですよね。電子レンジでチンするだけではなく、料理をする人が少し手を加えた感じが出せるようにしているのが面白いし、好感を与えるだろうなと思います。

副菜は「鮭のマヨネーズソース焼き和野菜添え」というもので、これもにんじんや長ねぎ、しめじなどの野菜と八方だれを合わせてレンジで加熱し、マヨネーズにごま味噌を混ぜたのを鮭に塗ってオーブントースターで焼いて、と見る間にできあがりました。ほんとうに二十分ぐらいしかかからない。

このふたつの料理を並べてみると、なんだかほのぼのとした食卓になり、なごみました。味もたいへんやさしく、美味しくいただきました。

店を持たない、小さな八百屋──「青果ミコト屋」

「ゆるゆる」を追い求めている若い八百屋さんがいます。

店舗をもたず、「ミコト屋号」という古いキャンピングバンに乗りながら全国の農家さんをまわり、あちこちで移動の八百屋さんを友人と二人で開いている鈴木鉄平さん。

彼は一九七九年生まれで、大学在学中にアルバイトでお金を貯め、世界を旅しました。ネパールをバックパッカー中に地元のおばあさんからもらった小さな薄紅色のりんごをきっかけに、食に興味を持つようになり、農業研修生などのかたちで畑仕事を学びはじめました。そのまま農業を続ける選択肢もあったのですが、鉄平さんは農業ではなく、八百屋という仕事を選びます。

農業をしていて市場に野菜を持っていくと、形が悪かったり、少し虫に食われているだけで、値段が五分の一ぐらいに買いたたかれてしまう。無農薬などの農法だと多少は虫がつき、色つやも悪かったりするのが当たり前なのですが、それが市場では認められないということなのですね。だから農家さんも、かたちが良くなかったりすると、収穫もしないで捨ててしまうのです。前に紹介した、ピーチかぶをつくっている千葉の農家田中さんのエピソードと同じですね。

鉄平さんは、農家さんたちと「なぜ捨てなければならないのか」「捨てないですむ方法はないのか」といったことを何度も話しました。でも最終的にいたった結論は、それは農家のせいでもなく、市場の人たちのせいでもなく、結局は買っている側の消費者の意識の問題なんだと。だから八百屋という流通の仕事をすることによって、そうした形の悪いもの、虫が食っているものでも売れるような場をつくっていきたいと考えたんですね。

ただ、鉄平さんが気にかかったのは、無農薬のオーガニックな野菜や自然農法の産物を売っているような「自然食」の業界の人たちは、あまりにもスピリチュアルでこだわりが強すぎるように感じられたことでした。ここでもオーガニック原理主義の問題が浮かび上がってきています。

いっさい農薬も化学肥料も認めないというように、先鋭的に食を求めてしまうと、逆に閉ざされた世界になってしまって、輪が広がっていかない。その外側にいる人たちからは、オーガニックや自然食品という印象には「寄せ付けない」というイメージが少なからずあります。

実際、鉄平さんが自然栽培の野菜の仕事をするようになると、友人知人などから

「じゃあおまえはもう肉食べないんだよね」「コンビニなんか絶対に行かないんでしょう？」と言われるようになりました。反逆クールのエリート主義だと思われてしまったんですね。そのたびに彼は「いや、お肉も食べるしコンビニも行くよ」と答えます。自然栽培の野菜は、さまざまな食の中のひとつの選択にすぎないし、そこにあまりに囚われてしまうのも違うと感じるからです。

彼は著書『旅する八百屋』（アノニマ・スタジオ）でもこう書いています。

自然栽培とかオーガニックというと「厳格なナチュラリストだ！」「小難しいスピリチュアルな人だ！」といったイメージから壁をつくられてしまい、オススメするどころか、逆に敬遠されてしまうこともありました。結局のところ、自然栽培の野菜は、〝限られた一部の人たちの嗜好品〟という範疇をなかなか超えてくれない。どうしたらこの野菜たちが、もっとぼくたちと同世代の若者にも気軽に楽しめる存在になれるのか？　これがぼくたちの最も大切なテーマになっていきます。

自然栽培された野菜を特殊なものではなく、どうすればスタンダードになっていけるのかということを鉄平さんは考え、そこで自然食品のマーケットだけではなく、音楽やアート、スポーツ、ファッション、手工芸などの分野の人たちと連携して、一緒にイベントを開いたり、情報発信することに力を注いでいくようになったのでした。

食って、単に「食べる」「料理する」ということだけではありません。食文化ということばがあるように、わたしたちの文化そのものでもあるのです。だから食文化は、料理やレストランの世界の中だけでなく、いろんな外の文化にもつながっている。鉄平さんはこう話します。

「たとえばアパレルのお店や雑貨屋さんとか、まったく野菜には興味がないかもしれないけれど『いいものは好き』というような感覚の人たちがいるじゃないですか。そういう人たちと『いいもの』という価値観でつながれるんじゃないかなと思うんですよ」

だから野菜を生産者の目線そのままで、土くささを前面にして売るのではなく、自分たちで什器もつくり、陳列のしかたも工夫してセンスの良い店づくりをこころみています。店舗は、メルセデスベンツのキャンピングカー。衣類や雑貨を手がけるセレクトショップなどからも声をかけられるようになり、都会的な文化の文脈の中で野菜が販売できるようになっていきました。いまは三百軒ほどのおうちに野菜を定期宅配するのと同時に、月に三回ぐらいは渋谷や代官山、自由が丘などの場所でポップアップショップを出店しています。「うちのショップにも店を出してほしい」という提案はひっきりなしにきており、とても人気のようです。人気の秘密って何だと思いますか？　と聞いてみたところ、鉄平さんの答えはこうでした。

「あまりオーガニックすぎないところ、かもしれません。もちろん扱ってるものは、超厳選したオーガニックな一級品だという自信はあります。でも『これがすべてじゃないよ』という姿勢を意識しているんですよ。そういうところが、取っつきやすいのかもしれません。みんなオーガニックには興味があるし、できれば生活に取り込みたいと思ってる人はすごく増えてる。でも一方で、ガチガチにはやりたくないというのもあると思うんですよね」

ニーズに合わせた演出──「成城石井」

この「ガチガチじゃない」というゆるゆる感覚が、いまこそ大切なのだと思います。

ゆるゆるとめんどうごとから解放され、難しくなくて気持ちいいこと。

もっと規模の大きなお店の例で、この「ゆるゆる」を考えてみましょう。都会型のスーパー、成城石井です。

チーズやハムは千円前後と高いのですが、とても旨い。ワインの品ぞろえもピカイチで、安くてリーズナブルで美味しいものばかり。お菓子の種類もびっくりするぐらい多い。加えて、買い物をすると気づくのですが、レジの処理スピードが超早い。ほとんど待たされない。行列ができかけると、即座にどこからかスタッフが応援に現れる。

このスーパーはどちらかといえば値段が高い部類に入ると思うのですが、紀ノ国屋とかザ・ガーデンのような高級スーパーとはちょっと毛色が違う感じです。しばらく前にノンフィクションライターの上阪徹さんが書いた『成城石井はなぜ安くないのに選ばれるのか?』(あさ出版)という本は、このあたりの内情をよく描いています。

イオンのような巨大スーパーと違って、成城石井は大量消費ではなく少量多品種の品ぞろえなんですね。お店は国内に百以上あるのですが、すべての店に行き渡らせる必要はないと考えていて、「一部のお店だけでいい、つくれる量でいい、この時期だけでいい」とバイヤーは農家さんや生産者にお願いするそうです。効率が悪く手間もかかりますが、こうしなければほんとうに美味しいものを手に入れられないという考えかた。そしてこういうやりかたをすることで、生産者が別の生産者を紹介してくれるという出会いがつらなっていき、さらに良いものが仕入れられるようになっていくのだそうです。

海外の生産者は成城石井を知らないことがほとんどです。だからバイヤーがすばらしいものを仕入れようと思っても生産者から「おまえはだれだ？」と断られてしまう。そこでバイヤーは、成城石井の店舗の棚を撮影した写真を見せるのだそうです。すると「おお！　このオリーブ油を置いているのか」「この生ハムまで……」と生産者の目の色が変わる。おまけにすごく小さな店舗なのに、チーズだけでもウォッシュから白カビ、フレッシュ、ハードまで世界のありとあらゆる商品をそろえています。それで「この店はいったい何なんだ！」と驚かれ、対応ががらりと変わるのだそうです。

成城石井には、エノログというワイン醸造技術管理士の資格を持っている人もいます。ワインの資格というとソムリエが有名ですが、ソムリエがレストランでお客さんにワインをお勧めする仕事であるのに対して、エノログは「つくる側」。ぶどうの栽培から醸造までの酒造り技術を持った人に与えられる資格なのです。バイヤーはエノログと一緒にワイナリーを訪問し、そこのワインが学問的なアプローチも含めて日本人の食卓やトレンドに合うかどうかを見きわめていくのだそうです。

また、成城石井オリジナルのジャムは砂糖をつかっていないのに、糖度が四十五度もあります。実はジャムは砂糖をたくさん入れれば、いくらでも安くつくることができるのです。保存食だから砂糖を入れるのは悪とはされていないので、砂糖で糖度を高めたジャムが多いのが実態なのです。砂糖を入れずにフルーツだけで糖度を出すのは、かなり難しい技術を必要としますが、それでもあえてその高い難度のジャムに挑戦し、品質の高いジャムを求める消費者のニーズに応えてるのだといいます。

成城石井のお総菜は、すべて東京都町田市のセントラルキッチンでつくっています。スタッフは総勢で四百人。そしてポテトサラダのじゃがいもは、蒸したものをなんとスタッフの手で皮を剥いているそうです。普通はピーラー内蔵の機械でなまのじゃがいもの皮を剥いて蒸すのですが、いちばん旨い部分は皮の真下。ここを削り取ってしまわないために、全員総出で毎日二千五百個ものじゃがいもの皮の手剥きをやってるのです。

店舗のつくりかたにも独特の哲学があり、さまざまなお店を用意しています。お酒を置かない店もあれば、肉や野菜などの生鮮を置いていない店もあり、広い店舗もあれば、二〇坪しかない超コンパクトなお店もあります。その街やその場所にあわせて、お客さんが何を求めていてどういう形式にすれば喜ばれるのかをその都度判断して、その場その場で店の内容をゼロからつくりあげている。

だから接客マニュアルもありません。お客さんの要望をその都度うまくすくい上げて対応するためには、マニュアルではなく、自分の頭で考えて対応しなければなりません。そこでくりかえし研修と議論をおこなって、たとえば買い物のシーンをロールプレイする訓練までおこなっているのです。予測していなかったことをお客さんに求められたときに、どう対応するかを自分で考えるということなのでしょう。

ささやかな特別感に応える品ぞろえ

成城石井の人に話を聞きました。コーポレートコミュニケーション室長の五十嵐隆さんと、広報課長の前川康子さん。前川さんは、こう話します。

「成城石井は富裕層を相手にしているわけではなく、客層は決めていないんです。美味しいものを食べたいというのは男女別も年齢もないと思うんですよね。ご褒美の一品もあるでしょう。ちょっと疲れたときにほっこりと食事を楽しみたいと思うでしょう。そういう時に成城石井に来ていただけるというのがいいんです」

お金持ち相手の高級スーパーではなく、少しスペシャルな食事をという時につかうお店。心地のいい暮らしをゆるゆると実現できるように、お客さんの日々を支えていこうということなんですね。

成城石井で売っているワインは、千五百円から二千円ぐらいが中心です。チーズやお総菜は、先ほども書いたように千円ぐらいです。そしてこの価格は、実は街のフレンチビストロで食べる皿やお酒と同じ。

そう、つまりお手軽なビストロに食事にいくぐらいの気持ちで、かわりに成城石井でチーズや生ハムやお総菜、ワインを購入し、家飲みする。これは「外食から家めしへ」っていう最近のトレンドにも沿っているし、新しい消費動向の良い受け皿になっているのです。

成城石井の小さな店では、店は狭いのに「足りない感じがしない」という印象を受けます。ちなみに「驚安の殿堂」ってキャッチコピーで有名な「ドン・キホーテ」は、ありとあらゆる種類の商品が天井近くまでぎっしり並べられてることで有名ですが、これは実は成城石井の棚のつくりかたを真似ているというのは、知る人ぞ知る秘話。たしかに「何から何までたくさんそろってる」感というのは、ドン・キホーテと成城石井で似通ったところがあります。

地方に行くと、巨大なスーパーがあちこちにあります。売り場面積はとほうもなく広くて、商品も大量に用意されています。しかし実際に棚を眺めてみると、商品の種類は案外と少なかったりするんですよね。均一な同じ商品が大量に置かれているだけなのです。

振りかえって見ると、日本は高度経済成長の時代にスーパーが発展し、そんなふうに均一な商品をいかに安くして、大量に売るかということを考えてきました。一括して大量に仕入れれば安くできるし、売り場面積を広くすればたくさん売れる。大量生産・大量販売・大量消費です。なんでもビッグの時代でした。でもこういうやりかたは二十一世紀の日本社会という時代の間尺に合わなくなってきていて、だから大型スーパーはどこも苦戦しています。ちょっとした食品や日用雑貨を買うのなら、小さなコンビニで充分ですしね。

成城石井の考えているスーパーのありかたは、そういう方向ではありません。大量消費ではなく、もう少し品質が良くて安心できて値段も高い。けれど種類がたくさんあって、選ぶことを楽しめる。そういう感覚を提供しているのです。

それにしても成城石井はスーパーですから、肉や魚、野菜といった生鮮食材もあります。パンやお総菜も、あっという間に賞味期限が切れてしまいます。それでどうやって少量多品種の棚を維持しているのでしょうか。

そこで採用されているのが、トヨタのカンバンシステムみたいな流通システム。どういうことかというと、箱単位でどーんとお店に届けるのではなく、欠品しそうなものだけをワイン一本とか、チーズ一個とか、お菓子ひと袋とか、そういう単位で用意して、それらを小型のコンテナに詰め合わせてお店に運ぶというのです。こういうやりかたをすると、もちろん流通コストはとてもかかります。コンテナに詰める作業が必要だし、人手と時間がかかる。

この問題についての五十嵐さんの説明は明快でした。

「流通コストはかかりますが、お店の家賃にくらべれば高くないんです。都心の一等地に、倉庫などのバックヤードを併設している店舗を借りるよりは、コンビニぐらいの小さな店舗を借りる方がずっと安くて、流通コストを吸収できちゃうんですよ」

なるほどねえ。山手線の内側という都心に出店をするコストはとても高い。だったら無駄なバックヤードを持たず、生鮮の作業場も持たないという割り切りでいいんじゃないということなんですね。魚介や肉、野菜などの生鮮は店内の作業場で処理せず、センターでパックして持ってきてしまうということなんですね。

成城石井が考える第三の道

成城石井の話を聞いていると、ポテトサラダのじゃがいもの皮を手で剥いてるとか、バイヤーの質がすごく高いとか、とにかく人手をかけている印象があります。でも一方でこういうバックヤードや流通の部分は省力化して人手を省いてる。どちらにどれだけ人手と時間とコストをかけるかというところが、絶妙のバランスのうえで成り立っているといえるでしょう。

だから必要なければ、生鮮売り場を店舗からなくしてしまうというようなことまでやっています。たとえば渋谷駅の東急フードショーの中にある成城石井は、生鮮食品もお酒も売っていません。混雑する駅の地下という立地で客が何を求めているかというのが判断基準なんですね。「スーパーは生鮮があるのは当然」というような固定観念は必要ないということなのです。

成城石井は関東周辺にしか店舗がありません。これは町田のセントラルキッチンから総菜などを運べるエリアにしかお店を置かないからなんですが、実は北海道や青森などの普通のスーパーにも、成城石井の商品が置かれているそうです。成城石井ブランドのジャムやソーセージ、セレクトされたワインなどは地方で販売されているんですね。

とはいっても成城石井はテレビCMも広告もやっていません。となると、そういう地方のスーパーではどういう人たちが成城石井ブランドの食品を選んで買っているのでしょうか。

実は、ほとんどがクチコミなのです。

たとえば東京の人が東北に転勤して、「東京にいたころに愛用していた成城石井のジャムを食べたい」と願う。東京から友人が遊びに来てくれたついでに買ってきてもらい、それを地元の友人にお裾分けする。そういうクチコミで成城石井の食品を愛好する人が増えると、地元スーパーに「成城石井の商品を置いてほしい」という要望につながっていく。そういうサイクルがあちこちで生まれているそうです。

成城石井の名前はよく知られていますが、高級ファッションのように、ブランドが独り歩きして記号消費されてしまっているわけではない。「美味いものがあるから買いたい」という実質を伴った消費になっているということなのでしょう。五十嵐さんはこう話しています。

「ブランディングをしようとするから難しくなるのであって、わたしたちはそもそもブランディングをしていないんです。ブランディングではなく、かといってプライベートブランドのような商品を売るのでもなく、第三の道だと考えています」

成城石井が考える第三の道は、三つの要素で成り立っているといいます。


「美味しいこと」

「品質がいいこと」

「パフォーマンスがいいこと」


最後の「パフォーマンス」というのは、安売りでもなく、かといって高ければいいというわけでもなく、「この値段なら納得できる」という値ごろ感をちゃんと出すということです。要するに「コスパがいいこと」なのです。

千円のチーズはたしかに高いのですが、レストランで食事をすることと比較すれば、決して高くない。前にも書いたように、街中にあるフレンチビストロの一品料理ぐらいの値段帯におさまっています。

成城石井のチーズケーキは十年以上前に発売して以来、クチコミだけでいまも売れ行きナンバーワンなのですが、これは一個八百円もします。普通のスーパーの二倍から三倍の値段ですね。でもちゃんとした洋菓子屋さんの金額と比較すれば、決して高くない。品質も洋菓子屋さんと同じぐらいのものが提供されています。たしかにこのチーズケーキ、たいへん美味いんですよ。

前川さんはいいます。「だからお客様が成城石井で求めているものは、たとえば紀ノ国屋さんのような高級スーパーとは全然違うと思うんですよ。わかりやすくいえば『千円で、どれだけすばらしい体験をしていただけるか』ということの追求なのです」

これこそが高級スーパーではなく、かといって大量販売の大型スーパーや格安百円スーパーでもない、第三の道ということなのでしょう。

第三の道は同時に、流行をただ追うことでなければ、昔の流儀をかたくなに守り、伝統ばかりを大事にするということでもない。いまの時代のいまの消費者に適合した、新しいライフスタイルを提案して、そのライフスタイルを支えるような基盤を提供するということ。新しい文化と、その文化を支えるインフラとしての企業。そういう立ち位置を成城石井は目指しているようですね。

だからこれは、流行やトレンドではない。新しい時代の新しい生活のありかたがやってきて、そのスタイルを支えていこうということなのです。

流行を追って、普通ではない高級な食を祝祭のように特別扱いするのではなく、あくまでも心地のよさを実現するため、日常の延長線のうえにある買い物。それによってゆるゆると、無理をせずに、日々を楽しめる。エリート意識はなく、原理主義には走らない。

ゆるゆるを提供するというのは、めんどうごとを排除し、気負いなく、過剰にもならず、いまこの瞬間を楽しめるようにすることなのかもしれません。

いまこの瞬間を楽しむ

仏教のサティ（念）に由来するマインドフルネスという英単語があります。日本語では、「いまこの瞬間に全意識を傾けること」というような意味になります。

いま自分がここにいるということ。自分がここにいて、周囲にはたとえば青空が広がって、鳥が鳴いて、風が渡っている。そういうまさに現在のこの瞬間を認識して、その世界全体を意識として受けとめているような状態。それがマインドフルネスです。

スマホを駆使してマルチタスクに仕事をするのも時には必要だけど、気持ちの良い道を歩いているときは、スマホの画面なんて見ないでその気持ち良さに浸り、「いま自分は気持ちいいんだ」と気づくことが必要。そういうマインドフルネスを得ることで、テクノロジーが進化した時代にも人間らしい生きかたをしていくことができ、テクノロジーと人間らしさを両立することができる。

マインドフルネスを解説した『シンプル・ライフ』（ソレン・ゴードハマー、翔泳社）という本があり、わたしが訳書を監修しているのですが、この中に禅の大家と武道家の対話が出てきます。自分の武術の凄さについてさんざんしゃべった武道家が「あなたは禅の大家として有名だけど、何ができるのか？」と問いかけます。

それに対して、禅の大家はこう答えるのです。「拙僧にできることはひとつだけです。歩くときに、歩く。食べるときに、食べる。話すときに、話す」。

このやりとりがわたしはとても好きで、折りに触れて思い出します。

禅の大家の答えはシンプルだけど、これを実践している現代人は少ないのではないでしょうか。歩くときに歩くのではなく、歩きながらスマホを見てしまう。食べるときに食べるじゃなく、ついカメラで料理を撮影してSNSに投稿し、おしゃべりに夢中になりすぎて料理を冷めるままに放置してしまう。そうではなく、いまこの瞬間を楽しみたいものです。

「いまこの瞬間」は、風薫る気持ちいい空の下を散歩しているときでもいいし、料理をしているときでも、スポーツや登山など何かに熱中しているときでも、なんでもいいのです。

どのような行為にマインドフルネスを感じるのかというのは、人によって異なります。ある人にとっては気持ちいいことでも、他の人には「めんどうごと」に感じる。わたしはエクセルで請求書を起こすのはめんどうごとにしか感じないけれど、そういうエクセルの作業に気持ち良さを感じる人もいるでしょう。

「気持ちいいこと」と「めんどうごと」は実は紙一重で、人の受け止めかたによる違いでしかありません。日常にはたくさんのことがあって、料理が好きな人がいれば、洗濯や掃除が好きな人もいます。料理の中でも、下ごしらえに喜びを見出す人もいれば、下ごしらえなんてめんどうだと感じる人もいる。ほんとうに人それぞれです。

オイシックスや成城石井のような新しい提案をしている企業は、そうしためんどうごとをできるだけとりのぞいて、自分の好きなことだけに集中することをうながしてくれているのだとわたしは感じています。

第三章
開かれたネットワークと「街で暮らす」

歴史を振りかえって見れば、近代において、わたしたちのマインドは大きく二つに分かれていました。

ひとつは、大衆消費社会の中で成り上がり、出世し、お金持ちになろうとする「**上へ、上へ**」という上昇志向。

もうひとつは、大衆消費社会を蔑視し、「大衆は騙されている。自分たちは違う」と反逆クールをきどる「**外へ、外へ**」というアウトサイダー志向。

しかしリーマンショックと東日本大震災を経て、近代も終わった時代にいまわたしたちが求めているのは、「**上へ**」でなければ「**外へ**」でもない。

そうではない、もっと別の世界へと道筋はつけられている。新しい「ゆるゆる」とした暮らしの意味は、そのような視座で見るべきです。前章で述べたようなめんどうごとの排除、オイシックスや成城石井、「旅する八百屋」青果ミコト屋などが提供している「ゆるゆる」も、そういう視座で理解していかなければなりません。

ではその視座とはなにか。

ここからは、「生活が外部に開かれている」ということと、その先には実は共同体の概念が存在するのだという考えかたを提示したいと思います。

新しい「住」のスタイル

まず、わたし個人の住まいの話からはじめましょう。

わたしは二〇一五年から、東京・軽井沢・福井という三拠点を移動しながら暮らす実験をしています。

高原の別荘生活に憧れていたわけではありません。そんな大金持ちではないし、長い休暇をとるような余裕もありませんし、引退の予定もありません。

東京から脱出したかったわけでもありません。別荘地から東京を見下ろして「反逆クール」ぶりたかったのではないのです。

そして、自然にやさしい生活でもない。軽井沢のような寒冷な土地で暮らすのは非常に高コストです。冬は不在時も床暖房をつけておかなければならず、灯油を大量に消費します。エネルギーを無駄遣いしています。

実は、この生活をはじめたきっかけは、東日本大震災でした。わたしは東京でフリーランスのジャーナリスト、妻も同じくフリーで絵の仕事をしています。仕事場などはかまえず、自宅と二人分のオフィス・アトリエを兼ねて大きめのテラスハウスを都内に借りていたのですが、震災が起きて首都直下地震などの大規模災害の不安が急に高まりました。実家はわたしが兵庫県の片田舎、妻が広島と遠方であることもあって、もし何か起きたときのために別の土地にもう一か所、シェルター（避難所）としての拠点をつくっておこうと考えたのです。

仙台や伊豆などさまざまな土地を検討し、実際に物件を探しにも行きましたが、最終的に決めたのは軽井沢でした。

軽井沢は東京から新幹線で一時間あまり、クルマでも二時間半程度という近さ。加えて、避暑地として長く愛されている土地で、生活の利便がきわめて良いということもありました。運のいいことに、誠実でとても感じの良い不動産会社の女性と知り合うこともでき、別荘地の一軒家を借りることにしました。以来、夏も冬も月に一週間ぐらいは、浅間山を望むこの家で過ごしています。

ほんとうは東京と軽井沢の二拠点で打ち止めのはずだったのですが、三番目の福井にも家を借りることになったのは、なんとも運命的な流れでした。

わたしは二〇〇〇年代なかばごろから、いくつかの企業の取材をきっかけに、福井に多くの知人や友人を持つようになりました。いつしか妻も同行して年に一、二度は福井に遊びに行くようになり、そういう関係の延長線で、妻が福井の友人と組んで陶器を造形し、絵を描く「千年陶画」というプロジェクトをスタートしたのです。だったらアトリエもかまえた方が制作活動をしやすいのでは、と助言されてとんとん拍子に話が進み、福井・越前町に一軒家を借りることになりました。

個人的には、三か所も住まいを持って移動しながら生活するようになると、自分の精神や身体にどんなことが起きるんだろう？　というような漠然とした期待感もありました。三拠点のあいだを移動するのはたいへんそうでしたが、そういう期待もあって「自分自身を題材にして実験してみよう」と考えたのです。

二十一世紀に入って、世界は「移動の時代」だと言われています。インターネットが普及して遠くのだれとでもすぐに連絡が取れるようになり、ＬＣＣ（格安航空会社）で移動も安価になりました。移民が増え、人類史上もっとも人々が移動する時代になったのです。日本は島国で、ことばの問題もあって取り残されている感じがありますが、このような流れはいずれはこの国にもやってくるでしょう。

地球をまたにかけて移動している人とくらべれば、東京から長野、北陸への移動なんてママゴトぐらいの小さなお話でしかありませんが、それでも定住しない「移動生活」という新しい「住」のスタイルは魅力的で、自分で体感してみたいと思ったのです。

福井の拠点

家を借りる前に一度そこでの生活を体験してみようと、福井・敦賀の海辺の村にある「朱種《しゅしゅ》」という施設に宿泊してみました。福井の友人のひとりで、建設会社を経営している「たいちゃん」こと北山大志郎さんがリノベーションを手がけた建物です。

「朱種」は、北陸本線の敦賀駅から、国道八号を北に走った横浜という漁村にあります。敦賀湾に突きだした小さな半島をまたぐようにして、黒い板塀の建物が立ち並んでいます。路地が縦横にめぐり、すぐそばに海水浴場もあって、まるで映画のセットのような綺麗な景色です。

ところが驚いたことに、夜になると多くの家に灯りがともっていません。これには茫然としました。住人が減り、空き家が増えて、限界集落化が進んでいるのです。「朱種」は、二階建ての大きな屋敷です。

この家の物語は、太平洋戦争のころにまでさかのぼります。

この横浜の土地で育った若者が慶應大学の医学部に進みました。彼は卒業して満州にわたり、外科の軍医になりました。そして終戦。彼は福井に戻ってきて、敦賀の街で町医者を開業しようと考えました。でもその時に横浜の人たちが、「先生、なんとかして横浜に戻ってきてくれませんか。ここで開業してもらえませんか」と懇願しました。当時はいまほど交通の便がよくなく、病気になると敦賀のお医者さんに船で来てもらわなければならなかったからでした。

「地元を守りたい」と、先生は横浜で開業することを決意します。そして彼のために漁村の人たちは、大きな家を建てました。地元の大工さんや造園屋さんだけでなく、壁土や材木の調達から運搬まで、人々が総出で手伝ったとされています。

一階に医院が開かれました。二階はお医者さんの住居。いちばんにぎやかだった昭和三十年代には、看護師さんが何人も勤務し、地元の文化人が集まるサロンにもなっていました。

どうしてこんなことまでわかるのかといえば、リノベーションをする段階になって、家の中から大量の写真アルバムが見つかったからなんです。お医者さんは慶應大学医学部を卒業されたかたで、東京での学業の日々や、医院にさまざまな人たちが訪れて記念写真に収まっている様子がたくさん遺されていました。

時は流れ、お医者さんも高齢になって、引退される日がやってきます。子どもたちも都会に出て、過疎化が進んだ横浜の村に戻ってくることはありませんでした。

やがて先生は高齢で亡くなられました。

お葬式には、親族も地元の人も見知らぬ人たちがたくさん弔問に駆け付けました。手や足をなくした人も多く、不思議に思った人たちが彼らに聞くと、「満州で先生の手術を受けたのです。あの時は本当にお世話になりました。先生のおかげで帰ってこられました」と口々に言ったそうです。日中戦争に出征した傷痍軍人たちだったのです。「ひとことお礼をお伝えしたかった」と語る彼ら。本当に慕われていた先生でした。

そしてついにこの建物は空き家になり、つかわれることもなくそのまま長い年月が経っていったのです。

家族はたいちゃんに相談し、建物を三百万円で売りに出しました。なぜこの金額だったのかといえば、建物の取り壊し費用が三百万円だったから。つまり家を売って儲けようという期待はなく、ただ足が出ないようにして実家を処分できればいいと考えたのです。ところが三百万円でも、買い手はつきませんでした。

このあたりは越前海岸と呼ばれる風光明媚な観光地で、昔は冬の蟹料理と夏の海水浴で賑わい、京都や大阪からたくさんの人がやってきました。いまでも冬の越前蟹の時期はにぎわうのですが、夏の海水浴客はめっきり減ってしまいました。神戸と淡路島、四国が橋でつながれて、関西の人たちの夏の過ごしかたが変わってしまったからだとも言われています。

越前蟹の季節は短くて、蟹だけでは旅館を維持できません。多くの旅館やホテルが廃業して、海岸沿いの立派な道路には点々と廃墟が連なるというたいへん残念な光景になってしまいました。

お医者さんの家族は結局、実家の売却をあきらめました。たいちゃんに「この家は無料であげるから、なにかに活用してください」と持ちかけたのです。家は所有しているだけでも毎年、固定資産税を払わなければなりません。だったら無料で人に譲ってしまったほうがいいという結論になるのは当然のことですね。

家の状態はとても良かったので、手直しすればつかえそうだとたいちゃんは判断し、自前で資金を用意してリノベーションしました。そして「朱種」と名づけて、空き家対策のモデルハウスのようにして活用することになったのです。

北陸は、とても天候の変化の激しい土地です。「朱種」に滞在していると、すばらしい晴天だと思っていたところに急に突風が吹き、雷が鳴り響き、山から吹き下ろすようにして嵐がやって来る。そういう変化が、一日のうちに何度も起きます。

村の人たちは親切でした。かつては地方の村というと閉鎖的な共同体という印象がありましたが、限界集落化が進んで、もはやそういう共同体さえ維持しにくくなっているのでしょう。もちろん、実際に長期居住すればまた別の感想も出てくるのでしょうが、少なくとも短い滞在のあいだには排除されるような印象はまったくありませんでした。

さて、「朱種」で滞在した翌年春、本格的に拠点をかまえることを決め、友人に越前町役場の人を紹介してもらい、「越前陶芸村」という施設の中にある一軒家を借りることができました。町が持っている物件で、家賃は月額一万八千円。陶芸のための電気窯が設置してある広い工房に、八畳ほどのリビングルームと寝室につかえる和室が付属しています。工房を地元の友人とシェアすることにしたので、わたしたちが支払う家賃はわずか月額九千円ということになりました。東京とくらべると、びっくりするほど安いですね。妻はいま、春から秋にかけては福井のアトリエに月の三分の一ぐらいは滞在し、創作活動に専念しています。わたしは福井に行くのは、月に三、四日程度。福井滞在中は仕事はあまりせず、人と会ったり、近くの越前海岸にある市場で魚を買って料理したりと、北陸の凛とした空気に浸る時間を楽しんでいます。

移動の自由と楽しさ

さて、この三拠点生活でわたしが会得できたものはあったでしょうか。いくつかあります。

まず第一に、移動の自由が楽しめるようになったこと。

第二に、びっくりするほど所有するモノが減ってきたこと。

第三に、人間関係のネットワークが多層化してきたこと。


ひとつずつ説明しましょう。

まず、移動の自由。前に書いたように、軽井沢は東京から新幹線で一時間あまりと比較的近いのですが、北陸の西端にある福井は、非常に遠い。東京・羽田から一時間飛び、石川の小松空港。そこからさらにクルマで一時間半ぐらいかかります。電車で行こうとすると、東海道新幹線の米原から北陸本線に乗り換えて、鯖江で下車。さらにタクシーで三十分。片道の移動でざっと半日はつぶれる感じです。

越前陶芸村は、冬はたいへん雪の多いところです。拠点にしている家には床暖房もなく非常に寒いので、冬季はあきらめて春から秋までの滞在と決めました。クルマがなければなにひとつできない土地なので、軽井沢でつかっている軽自動車を春に福井に移動させ、秋の終わりにふたたび軽井沢に戻します。また妻の作品を運ぶことなどもあって、東京からクルマで移動することもあります。軽井沢からだと上信越道をたどって五時間。東京からは新東名高速道路を経由して、六時間。

いずれにしても、かなりの体力がないと身体が持ちません。

だから日常的に身体を鍛えています。ほぼ毎日、五キロのランニングを欠かさず、四日に一度はスポーツクラブのマシンで、筋力トレーニングを三セットずつ六種類。月に一度は登山に出かけ、時には二十キロ以上の重荷を背負って山中を彷徨しています。ジャンクフードはいっさい口にせず、タンパク質を軸とした食生活を心がけています。

ここまで徹底すると、身体はとても軽くなる。手の指の先から足の先まで、自分のコントロールが隅々にまでみなぎっているような身体感覚に変わっていきます。二日間で東京から福井を往復し、二日目の夜にはテレビ番組の収録に出るといったことをこなすこともありますが、それほど苦ではなくなりました。

体力だけではありません。移動をスムーズにおこなうために、着替えや日用品、パソコン関係のいくつかの周辺機器はそれぞれの拠点に置いてあるので、移動のときの手荷物はごくわずかです。

ＥＤＣということばをご存じでしょうか。「エブリデイ・キャリー」の略語で、「日常持ちあるいているモノ」という意味です。みなさんはどんなものをバッグに入れているでしょう？　わたしはＺパック社の登山用防水ポーチに、以下のモノをつねにパックしてあります。

- カードケース（予備のクレジットカード、健康保険証、ラジオ局の入館証、銀行カード）
- 名刺ケース
- モバイルバッテリー
- ＵＳＢカーチャージャー
- スマホの電源ケーブル
- ＵＳＢメモリー
- イヤフォン
- 小型懐中電灯

・携帯ラジオ
・防災ホイッスル
・新品の単三乾電池四本（ラジオと懐中電灯につかう）
・小さな固形非常食

東日本大震災があってから、防災関連のグッズはいつも手放さなくなりました。さまざまに工夫してだんだんと小さくし、いまでは手のひらに乗るぐらいの大きさのポーチにすべてを収められるようになっています。

このポーチを中心にしたわたしのＥＤＣは、次の通り。

・ポーチ
・スマートフォン
・キンドル電子書籍リーダー
・財布（クレジットカードと鉄道のＩＣカード、運転免許証）
・ノートパソコン（出先で必要な時）
・折りたたみ傘（春から秋にかけて）

このＥＤＣに、冷蔵庫の野菜や肉を詰めたクーラーバッグを加えると、拠点間移動の際の荷物になります。

これだけ持って、拠点から拠点へと移動しています。だから「さあ行くか」と思ったら、おおむね十五分で準備は終わります。

身体を鍛え、所持品を少なくして身軽になると、移動はとても楽しくなります。

モノが減ると自由度はあがる

移動生活を身軽にしようとすると、それぞれの拠点に同じ生活用品や仕事道具があったほうがいい。家具や電機製品、ひとそろいの鍋やフライパン、キッチン雑貨などを手に入れる必要があったので、初期投資はそれなりにかかりました。

このように三か所に同じものを用意すると、トータルのモノが増えていくように思えます。三拠点あるのだから、冷蔵庫も洗濯機も電子レンジも三つずつある。たしかに多い。ところが面白いことに、このようなベーシックな生活必需品を除くと、それ以外の余計なモノは自然と減っていくのです。

なぜなら、三拠点それぞれで同じレベルの生活を続けようとすると、所有するモノの多さが邪魔になるからです。

たとえば以前は東京の家のキッチンに、ワインセラーを置いていました。ワインを横に倒して適温に冷やせる冷蔵庫です。しかし軽井沢や福井にはそのような贅沢品はありません。そうすると軽井沢にいるときには、「ワインは適切な温度で保管した方が美味しいのに……普通の冷蔵庫で冷やすのはちょっとイヤだなあ」と感じてしまう。だからといってこんな贅沢品を三つもそろえて各拠点に置くのは、まったく無駄です。

なので、発想を逆転させることにしました。東京の家を引っ越したのをきっかけに、ワインセラーを処分したのです。新しい家は駅の近くにあり、リーズナブルで美味しいビオワインをそろえている酒屋さんを商店街に見つけました。ワインは買い込まず、飲みたくなったらこのお店に出かけて都度買ってくる。ワインセラーがなくなったことで、軽井沢や福井に行ったときに「ワインセラーがない……」とつまらない悩みをいだくことがなくなりました。三拠点でそろえられないものは、三拠点ともナシにしてしまえばいい。そういう発想に変えたことで、モノは減っていきました。

減るだけでなく、小さくなったものもあります。軽井沢と福井の冷蔵庫はとても小さかったので、東京の家の冷蔵庫もそれにあわせて、思いきって小型のタイプに買い替えました。

食材は、料理のたびに近所の食料品店やコンビニに買いに行くことにします。以前の家は駅から二十分ぐらいもあって遠く、近所にコンビニもなかったので、食材やミネラルウォーター、酒などをクルマで買い出しに行って溜め込んでいたのですが、その必要がなくなったのです。

これはつまり近所のお店が、わが家の冷蔵庫になったということです。物流が発達したことで、こういう生活が可能になったといえるでしょうね。

これに気づくと、モノはすばやく減っていきます。とくに台所道具の減りかたは著しいものでした。「アボカドをくり抜ける」とか「ぎんなんを割れる」とか「白髪ねぎを切れる」とか、便利なモノがキッチン道具店にはあふれています。でも「この道具がないと料理ができない」と思ってしまうと、逆にめんどうになる。道具で便利になったはずなのに、道具にとらわれてしまって不自由になるというのは、おおいなる矛盾ではないでしょうか。

だったら便利な道具をあれこれそろえるより、最低限の道具を工夫してつかえるようにしたほうが、実は自由です。アボカドは包丁でくり抜けばいいし、ぎんなんは工具箱のプライヤーで割ればいい。

わたしは二〇一四年に二冊の料理本を刊行したこともあって、友人から「佐々木さんの料理を食べたいなあ」とお願いされることがあります。若い友人のシェアハウスに料理をつくりにいくこともあれば、十五人ぐらいで集まってキッチンスタジオを借り、みんなで料理して楽しむこともあります。

ところがシェアハウスやキッチンスタジオには、道具はあんまりそろっていません。でも日ごろから道具が足りない状態で料理をつくるのには慣れているので、あまり気になりません。自宅から道具を持参することもないのです。

「横へ」のつながり

これまで三拠点生活について、移動の自由が楽しめるようになったこと、そしてびっくりするほど所有するモノが減ってきたことという変化のお話をしてきました。

三つめの変化は、人間関係のネットワークが多層化してきたことです。

思いかえすと、昭和のころまでは人間関係はかなり固定的でした。たとえば古い時代の農村だったら、村で生まれ、村で育ち、村ではたらいて、村で老後を送る。村から出ることはほとんどなく、きわめて限定された人間関係だったのです。

近代化が進んで人々が農村を出て、都市に流れ込んでくるようになると、当初はさまざまな人たちが入り混じり、まるでバザール（市場）のような混沌がそこには生まれていたでしょう。日本でいえば、太平洋戦争が終わった後の焼け跡の時期がそうです。でも高度経済成長が起きると、混沌はおさまり、日本人の人間関係は企業社会に回収されていくようになります。

昭和のころの典型的な会社員の人生。地方で生まれ、思春期を地元で送り、高校を卒業し、上京して大学に入る。大学を出て就職し、会社の独身寮に住み、社内恋愛し、社内結婚し、社宅に住み、週末には同僚や取引先とゴルフや野球をし、会社の信用組合からお金を借りて家を建てる。定年退職とともにそれなりの金額の退職金を受けとり、会社の厚生年金でのんびりと老後を送る。

そのころの終身雇用制では、人間関係さえもが社内で完結していました。わたしも終身雇用の新聞社ではたらいていたので実感がありますが、ひんぱんに移動や転勤があるため、社外に人間関係がつくりにくく、結局は社内の人間とばかり交遊するようになってしまいます。

しかし二〇〇〇年代に入って会社の中だけで暮らすというありかたは難しくなりました。人は否が応でも、会社の外に人間関係をつくらなければならなくなったのです。

フェイスブックのようなＳＮＳで、人間関係が見えやすくなった面もあります。自分がだれとつながっているのかを見わたすことができますし、なにかのメッセージを送ってきた人のページで「共通の友人」を見れば、自分がその人とどういう距離と関係にあるのかがひと目でわかる。

さて、三拠点で生活していると、見えている人間関係がさらに多層になっていくのを実感できるようになりました。東京には東京の人間関係があり、軽井沢には軽井沢の人間関係があり、福井には福井の人間関係がある。それらが重なり、ときには混じりあって、人間関係の「網」のようなものの中で人生を送っているような感覚を持つにいたったのです。

会社に勤めておらず、たくさんの仕事を並行しておこない、三つの拠点を移動しながら住んでいると、人間関係は「**横へ、横へ**」と広がっていきます。

新しい時代のセーフティネット

フリーランスのジャーナリストという仕事は、かつては雑誌が主な仕事の場でした。取材した原稿を雑誌に書き、原稿料を得る。これが月収で、たまに書籍にまとめると印税がまとまった金額で入り、ボーナスをもらったような印象でした。つきあう人は取材先を除けば、おもに雑誌や書籍の編集者か同業者で、フリーランスといいながらも比較的固定的な人間関係で生きていたのです。

出版業界は二〇〇八年のリーマンショックのころからおかしくなってきて、雑誌はバタバタと潰れていきました。書籍の発行部数も全体として激減しています。書籍や雑誌では食べていけなくなって、廃業したフリーライターもたくさんいます。

わたしは七転八倒しながら試行錯誤して苦境の時期を生き延びてきて、とりあえずは何とか普通に暮らしています。そして気がつけば、仕事をさまざまに増やしてきたのにあわせて、人間関係はびっくりするほど広がっている。二〇一五年から、本書にも大きな協力をいただいた「LIFE MAKERS」という有料コミュニティを運営していて、この場はわたし自身にとってはとても大きな拠りどころとなっています。

同じぐらい重要なコミュニティは、「TABI LABO」というネットメディア。わたし自身が創業メンバーのひとりなので、オフィスに行けば若い仲間たちがいる。「エニタイムズ」というシェアリングエコノミーの会社も手伝っているので、毎週のように顔を合わせ、一緒にイベントなども開いています。

さらに、南暁子さんというイラストレーターにツイッターアイコンを描いてもらったのがきっかけで、同じアイコンをつかっている人たち同士で「アイコンミーティング」というサークルのような活動もはじめ、ここのメンバーたちを中心とした山歩きのグループをつくり、毎月のように登山に出かけています。料理会もこのメンバーで開いていて、キッチンスタジオで集まっては料理をつくって楽しんでいる。

まだまだあります。ツイッターには、顔を合わせたことはまだないけれども、定期的にコメントを寄せてくれる心強い人たちがいる。そして軽井沢の人間関係、福井の人間関係。

自分自身からさまざまな手が伸びていて、さまざまな良き人たちと手を握り合っているような感覚をいだいています。

　そしてつねづね思うのは、普通に仲良くできる人と仲良くしたいという当たり前のこと。「この人とつきあうと得がありそう」「この人は有名だから、つきあうとまわりに自慢できそう」というような利害関係ではなく、「この人とつきあうと楽しそう」「この人はいい人だから友人になりたい」というシンプルな気持ち良さが大切。

　人生は短く、出会える人の数は限られています。だからこそ、いい出会いのきっかけがあれば、それを大事にしたいと思うのです。わたしは過去、いろんなところでいろんな人と知り合ってきました。賃貸マンションを仲介してくれた不動産会社のスタッフと仲良くなって、一緒にキャンプに行くようになったり、クルマを買ったカーディーラーの人とご飯を食べに行くようになり、料理が上手だと知って引っ越ししたときのホームパーティーで料理をつくってもらったこともあります。所属がどうしたとか、肩書きがどうしたとか、全然関係なしに、自分の好きな人と仲良くして、それが結果として網の目のように人間関係を広げていく。気が付いたら自分の預かり知れないところで、友人と友人が勝手につながってたりします。

「あれ、お二人知り合いだったの？」って聞いたら、「何言ってんですか、佐々木さんの家で食事したときに知り合ったんじゃないですか」って言われることもあります。

そういうネットワークを、距離や土地に関係なく、住んでいるところにこだわらず、広げていく。それこそが、実は新しい時代のセーフティネットになっていくのではないかとわたしは考えています。勤務してる会社なんてもはや一生を託す相手ではない。たくさんのゆるやかな関係が、新しいセーフティネットになってくれるのです。

三拠点生活というのは居場所が固定しておらず、ぶらぶら生きてるように見えるかもしれません。でもぶらぶらしているがゆえに人間関係が多層になっていて、実はそちらの方が安定しているんじゃないかと思うんですよね。

だから三拠点を移動しながら暮らすというのは、決して漂泊の人生ではない。そこに気づくようになりました。根無し草になって、どこにも自分を係留するところがないまま、寄る辺なく生きるのではない。

「どこにもつかまれない」

じゃなくて、

「あらゆるところにつかまることができる」

それが新しい移動の生活なのだと思います。

これは物理的な移動だけの話ではありません。自分自身をどこに係留するのかという、その心理的な位置そのものを、移動させていくことが大切なのです。それによってさまざまな人たちとつねにつながっていくということ。

移動するから人と離れてしまうんじゃなくて、移動できるからこそつねに人とつながり続けることができる。

重要なのは、それは強制されるのではなく、自分で決めるものであること。かりに会社から異動や転勤を命じられたとしても、こころの中の位置を自在に移動させることができるのであれば、つながりたい人たちから引き離されることはありません。

移動は強いられるものではない。自分の中につねに「いつでも移動できるんだ」という気持ちを持ち、「さあいつでも出発できるぞ」と準備万端整っていることが大切。

登山から学ぶ必要最小限の極意

抽象的なわかりにくい話になってきたところで、ちょっと休憩しましょうか。

さきほど「最小限の道具で料理する」ということを書きました。この考えかたは、登山のときの食事に共通するものがあります。山を登るときに担げる重量は、自分の体力の範囲内だけ。余計な道具を持てば、その分肩はつらくなり、足の運びは重くなります。

料理の道具は、直径二〇センチぐらいまでのサイズの薄く軽いフライパンと、コッヘル(鍋)。火力は、ブタンガスのカートリッジを装着してつかう超小型コンロ。ツールは小さなナイフだけ、まな板はぺらぺらの薄いプラスチック板。しかし、これだけでも意外といろんな料理ができます。

ある夏の早朝、南アルプスの鳳凰三山に出かけました。

東面の青木鉱泉にクルマを駐めて、ドンドコ沢に沿った急登をぐいぐい登っていきます。視界の利かない樹林、テントや寝袋、食糧などを詰め込んだザックは二十キロ近くあってけっこう重く、背中と腰を痛めつけます。汗が滝のように流れ、三時間も歩くとお腹がしっかり空いてきて、力が入らなくなってきました。シャリバテ（エネルギー源の糖質が切れてバテること）です。

大きな滝のそばを越えたあたりに座れる場所を見つけて、「暑いなあ！」と仲間と言い合いながら、ザックを下ろしました。コンロとコッヘルをとりだし、小分けしておいた米を入れて目分量で水を加え、蓋をして火をつけます。沸騰してきたらとろ火にして、だいたい八分ぐらい。火から下ろして地面に置き、そのまま蒸らしておきます。

ひとくち大にして味噌漬けにし、ジップロックでぴっちり封をした豚肉を持ってきてあります。最近は弁当箱ぐらいの大きさのソフトタイプのクーラーボックスがあるので、こういう生ものも山に持ち上げられるようになりました。

この豚肉を焼いてコンロで炙ったパンにはさんでも超旨いのですが、今日はどんぶりものをつくることにしています。

◎なすと味噌漬け豚肉炒め

ザックから今度はなすとねぎをとりだし、ひざの上にまな板を乗せて、小型ナイフで薄切りにします。これも小分けして持ってきた油をフライパンに垂らし、なすをじっくりと弱火で炒めます。なすはあっという間に油を吸ってしまうのですが、焦らずさらに炒めていると、そのうち全身から汗のように油を滲み出しはじめるのです。いい感じにきつね色になってきたら、豚肉を加えて焦げないように色が変わるまで炒め、最後にねぎをさっくり加えてできあがり。

コッヘルから各自のお椀にご飯をよそい、具材をどっさりと乗っけます。ああ、いい香り。クーラーボックスから秘密兵器のキンキンに冷やした缶ビールをとりだして、「乾杯！」

一気に疲れが吹き飛びました。そしてどんぶりをがーっとかきこむと、濃いめに味噌味をつけた豚肉がなすとぴったり合っていて、濃厚で超旨い。

今夜の宿泊地点である鳳凰小屋まで、あと三時間足らず。小屋についたらきっとスタッフが、清冽な清水から引いている水場をていねいに教えてくれるでしょう。明るい笑顔で、「これがほんものの南アルプスの天然水ですよ」って。

少ない荷物で人生を旅する

登山では、ミニマルな道具をさまざまに工夫してつかう。山の中で、できるだけ自然に近い状態に身を置くことに気持ち良さを感じるのです。箸がなければ小枝を拾ってナイフで削ってつかえばいいいし、暖かい季節ならテントなんかなくたってシュラフ（寝袋）だけで眠ればいい。

最近は登山の世界でも、所持品を最小限にして超軽量で歩こうという「ウルトラライトハイキング」、略してＵＬと呼ばれるスタイルが登場してきています。テントじゃなくて一枚布のタープをつかい、歩行につかうトレッキングポールを支柱にして設営したり、重い登山靴ではなくトレイルランニング向けの軽いシューズを履いたり、といった軽量化をおこなうことで、テント泊の山行でもザックを五キロぐらいの重さに収めてしまおうという手法です。

この分野の日本での第一人者は、東京・三鷹で「ハイカーズ・デポ」という素敵なアウトドアグッズの店をやっている土屋智哉さん。ＵＬの伝道者です。

お店でお目にかかった時、土屋さんはわたしにこんな話をされました。「個人的な見解なんですが、僕の考えるＵＬの世界観は『いかにシンプルに徹するか』ということなんです。軽い道具にするというのは第一段階で、その先にどれだけシンプルな道具で、なおかつ安全を確保しながら山に入っていけるかということなんです。このシンプルさについての考えかたを突き詰めると、衣類の素材は薄くて軽い最先端のものではなく、昔からのコーデュラナイロンがいいということになる。なぜならどこでも売っているので、自分で修理できるからなのです。ラディカルなULは、ザックも寝袋も『全部自分でつくってます』というところにまで行き着く」

ご飯を炊くという行為をひとつとっても同じで、自宅に炊飯器があれば、米と水を入れてスイッチをポンと押せばご飯ができてしまう。でも鍋で炊こうとすると、まず浸水させて、水の量を量り、ガスコンロで火加減を調整しながら炊きあげなければなりません。「ボタンを押したら、はい完成」ではなく、さまざまに過程を楽しんでいくことを楽しんでもいい。それがULの哲学だといいます。道具やファッションのトレンドではなく、そういう「過程をいかに楽しめるか」というスタイルの文化なのです。

同時にULは、道具を減らし、少ない道具を工夫してつかうことによって、逆にモノに囚われないということでもあるのです。土屋さんは言います。

「無理はしなくていい。道具にせよ何にせよ、いつでもそうじゃなきゃいけないわけじゃない。台風の時は山小屋に泊まりますし、下山した際は温泉にもいきます。僕の中でハイキングは歩くことが一番重要で、そのために軽快な道具が必要なだけで、それに振りまわされたくはないんですよね。主体はあくまで自分自身なんです」

すべてを自分自身でにならうのではなく、必要があれば山小屋も利用する。荷物を減らして軽快に歩くために、山小屋でお昼ご飯を食べたっていい。自給自足ではなく、外部も活用するという発想が、ＵＬには必要なんですね。

従来の登山は、登山口から登山道をのぼって、頂上に着いたらまた下る。あくまでも頂上を目指すための往還でした。しかし登山という行為は、かならずしもそのような「頂上という特別のもの」を目指す行為としてとらえる必要はない。ＵＬの潮流とも重なってきますが、最近はロングトレイルという登山道や車道、田畑のあぜ道、牧場の中の踏み跡などをたどって横に移動していく歩きかたも現れてきています。

「登山口があると、そこで日常と非日常がきっちり線引きされてしまいますよね。でも車道を歩くことも含めた山歩きは、非日常を日常まで引っ張ってこられるというか、そういうシームレスな感覚を持てるのかもしれません。それはただの登山ではなくて、『山旅』になるんじゃないでしょうか。ＵＬは登頂するためのものではなく、山の中を旅するという感覚。山を越えて、山の裾を歩き、山を眺めながら次の山に向かうんです」

上昇志向ではない登山。日常と非日常がシームレスにつながっていく旅。山旅は登山口から先だけのものではなく、自分の家を出たところからすでにはじまっている。いや、さらにいえばいまわたしが自宅で過ごし、自宅で料理し、家事をし、仕事をしているところまでもが、実は旅の中に含まれているのかもしれません。「人生は旅である」というのはつかい古された言いまわしですが、モノを徹底的に減らしてミニマリズムを実践し、モノに囚われず、そして移動自由な生活を実現するというのは、まさにこの「人生は旅である」そのものです。

その世界では、すべてが日常であり、そして同時にすべてが愛おしく大切でていねいであるのです。日常を大切にするからこそ、日常も旅の中の一歩であるということを実感できるのです。

登山というのは、きわめつけの非日常のスポーツです。風呂に入れませんし、歩きはじめれば下山するまで途中でストップできない。テントは夏は暑く、冬は寒く、雨が降れば浸みてきて、雪が降れば凍りつく。しかしＵＬの世界では、この非日常を日常ととらえていく。

「**外へ、外へ**」と日常から脱出するのではなく、「**上へ、上へ**」と頂上を目指すのでもなく、「**横へ、横へ**」と歩いていく。この「**横へ、横へ**」という方向が、日常であることという感覚を生むのです。

だから移動は、暮らしになる。人生は、旅になる。

「モノ」に振りまわされない生きかた――ミニマリスト

この「**横へ、横へ**」という感覚は、近代にはあまりなかったものです。上を目指すのではなく、外に出るのでもなく、横につながる。この「**横へ**」の感覚をさらに学ぼうと、わたしはひとりのミニマリストに会いました。

ミニマリストというのは、無駄をそぎ落とし、持ち物を極端なぐらいにまで減らして生活している人たちのことです。その代表的なひとりが、『ぼくたちに、もうモノは必要ない。』（ワニブックス）というベストセラーを書いた佐々木典士《ふみお》さん。

典士さんは一九七九年生まれの出版社の編集者で、この仕事の人にはよくありがちなモノの多い生活を送っていたそうです。しかし二〇一三年の年末、ミニマリストの運動がアメリカで起きていることを知り、「これだ！」と天啓を受けたのです。

そこから一年ぐらいかけて、ひとり暮らしの部屋の中のモノを減らしていったといいます。

「大切な思い出のむすびついているモノもありましたが、そういうのは写真を撮って捨てました。写真を見れば思い出すことができるから」

徹底していますね。衣類はダウンジャケットと革のジャケット、冠婚葬祭につかえるブラックスーツ、それに白いシャツが三枚、パンツが数本で、アンダーウェアを除けばクローゼットには十着ぐらいしか服がありません。

「バリエーションがないと『いつも同じ服を着てる』と思われるんじゃないかと最初は恥ずかしく感じたけど、やってみると慣れて、全然気にならなくなったですね」

ただし安いファストファッションを着るのではなく、たとえばシャツは一着一万円前後。ダウンジャケットは十五万円。かなり品質の良いものをそろえているそうです。良いモノを少しだけ持つ、というのが典士さんのスタイルなんですね。

室内の写真を見ると衝撃的で、フローリングの床には何もなく、不動産情報サイトによくある空き物件にしか見えません。ベッドは所有しておらず、夜になるとマットレスを床に敷いてふとんをかけて眠っています。テーブルは小さな小物入れ。食器も最小限しかありません。

こんなふうにミニマリズムを実践していると、「自分は必要なモノを過不足なくすべて持っている」という自覚が生まれ、メディアの過剰な情報に煽られることがなくなるそうです。モノに振りまわされる時間がなくなり、掃除もごく容易になり、引っ越しも移動も気楽にできるようになる。なにより、モノに気持ちが行かないので、自分自身に向き合うことができるようになる。

「モノに振りまわされない」ということはとても大切なポイントです。

振りかえって思い出してみれば、わたしたち日本人もかつては高級ブランドに憧れ、輸入車に憧れ、そういうブランドのファッションを身につけたりそういうクルマに乗っていることで自分の価値が上がるのだと信じていた時代がありました。

聖路加国際病院の精神科医、大平健さんが一九九〇年に『豊かさの精神病理』（岩波新書）という本を出しています。バブル全盛期のころです。「モノ語り」という傾向が日本人に広まっていることを分析した本です。

モノ語りとは何かというと、ストーリーの物語じゃなく、「モノで自分や他人を語る人たち」を意味しているのです。たとえばこんな例が書かれています。

「そのオバサン、若ぶっちゃって、ＬＬビーンのトートバッグか何かで会社に来るんですよ。靴もオイルド・モカシンで会社でパンプスに履きかえるの。なに気どってんのって皆で笑ってますよ。若い娘のまねしてリーボックならまだ可愛いいですけどね。私はあんたたちより格が上だって態度がイヤ。単なるオバサンなのにね」

語っている女性は同じ職場の年上の女性とうまく行かない、と訴えるのですが、性格や行動を非難するのではなく、持ってるバッグや靴を非難しているんですね。

でも当たり前のことですが、すばらしいモノを持っているからといって、自分自身がすばらしくなるわけじゃありません。すばらしいモノを持っているというのは、そういうモノを購入できるお金が手もとにあって、それを自由につかえる立場にあった、ということぐらいしか示していないですよね。

身軽になるということは、こういう「モノ語り」からも自由になることなのです。モノで語るのではなく、自分自身で語る。裸に近づき、裸足で大地を歩くような自分自身のありかたで勝負するには、自分自身をさらけ出して自分のこの身体に語らせるしかないのです。

この「裸の感覚」は、実はファッションの世界にも現れてきています。

内と外を隔てないスタイル

かつてファッションは、「武装」「鎧《よろい》」でした。自宅ではくつろいだ日常着であっても、ひとたび外に出かける時には、だれから見られても恥ずかしくないように武装し、備えなければならない。そのために人はおしゃれをしてきたのです。

それが極端に走ると、高価で最新流行の外出着はたくさんあるけど、自宅ではゆるい着古したジャージしか着ていない、なんて人もいました。バブルのころ、まだ自家用車を自分で持つのがカッコいいと思われていたころには、「貧乏だけど無理してスポーツカーを買って所有し、生活に割くお金がないので住んでる木造アパートでは毎日カップラーメンを食べている」なんていう無理無理の生活をしている若者もいたりしました。出かけるときはポルシェで颯爽と見栄を張り、でも家ではよれよれの生活。内と外を思いきり壁で隔ててしまう生活スタイルです。

ファッションもこれと似たようなところがある。外出して仕事に出かけるときやデートのときは、きちんとおしゃれしたい。でも家にいるときはだれも見ていないからいいじゃないか、っていうのはスポーツカーの若者と同じように、内外を分け隔てる生活です。

二〇一五年にベストセラーとなった『服を買うなら、捨てなさい』（宝島社）という本があります。著者のスタイリスト地曳《じびき》いく子さんは、誤ったおしゃれ観が広まってしまっていると書いています。

「何でも着こなせるのがおしゃれ」という誤解。でもパンツがとても似合う人なのに、わざわざ似合わないスカートを着る必要はないはずです。

「たくさん服を持っているのがおしゃれ」「流行を採り入れているのがおしゃれ」というのも、誤解。自分で似合わない流行の服をたくさん持っていても意味がありません、というんですね。

そして地曳さんは、ワンパターンでいいんだと教えています。

ソフィア・コッポラはいつもボーダーにデニムかブラックパンツだし、テイラー・スウィフトはいつもミニワンピースに赤リップ。映画『プラダを着た悪魔』にも、アナ・ウィンターをモデルにしたファッション誌の鬼編集長が、廃番になったエルメスのスカーフの在庫をすべて買い占めるシーンが出てきますね。

つまり流行じゃなく、自分自身のスタイルを見つけることが大切ということなのです。「おしゃれな人は、みんなスタイルを持っています。おしゃれになるということは、自分のワンパターンを見つけることなのです」と地曳さんは力強く書いているのです。

自分のスタイルこそ大切なのだ、というのはさっき紹介した成城石井の哲学にもつながっていきます。つまりは日常と「おしゃれであること」が継ぎ目なくつながっているんですね。家の中と家の外を隔てないのです。

こうした家の内でも外でも、という流れのひとつとして「アスレジャー」という米国発のことばもあります。

アスレジャーはアスレチックとレジャーを合成したもので、わかりやすくいえば、ヨガウェアやジョグパンツ、ジムウェアなどを日常着にしてしまおうという傾向のことを指しています。

この傾向は年々加速しているようで、しばらく前にドイツ銀行がまとめた調査によると、二〇〇八年から二〇一五年のあいだでアスレジャーの分野の衣料品は四・一パーセントも成長しているそうです。普通の衣料品は同じ時期で成長はわずか〇・二パーセントにすぎません。ドイツ銀行は、この流れはこれからも続いて、全体に占める割合もそのまま増えていくだろうと予測しています。

これも地曳さんが言うように流行ではなく、スタイルなのでしょう。「外出する時は着飾る」というスタイルから、「日常も外出時もいつも同じファッションで」というスタイルに変化してきているということ。

このスタイルの変化を支えているのが、素材のテクノロジーなのかもしれません。伸縮性のあるストレッチ素材の技術が進化して、最近は自然な風合いで肌触りも良いものになってきました。ぱっと見はデニムなんだけど、実はストレッチするジャージー素材で履きやすいパンツは、ファストファッションのブランドでも普通に見かけるようになりました。最近はこの素材で男性用のスーツを仕立ててくれるお店まで現れています。

日本の場合、この傾向が進んでいる背景には東日本大震災もあります。日本のビジネスシーンには儀礼的で堅苦しい慣行が多いのですが、福島第一原発の事故の後の節電もあり、以前からおこなわれていたクールビズがスーパークールビズに進化しました。ポロシャツやアロハシャツも許容されるようになり、真夏にはジャケットを着なくてもすむようになったのです。まあ、夏が熱帯並みに暑いこの国で、そもそもネクタイにスーツというスタイルがまったく適合していなかったといえるわけですから、当然の流れといえるでしょうね。

堅苦しい日本でもこれだけカジュアルになってきているわけですが、世界的にはカジュアル化はもはや元に戻らない潮流になっています。

いかに身軽に気持ち良く暮らせるか。アスレジャーは、そういうスタイルの変化のひとつなのです。

身軽さというのはいまの時代にはとても重要なポイントで、人々の持ち物は以前とくらべるととても少なく、小さく、軽くなってきています。前にも紹介したように、わたしのＥＤＣ（日々持ち歩いている所持品）もとてもコンパクトです。

最近はアークテリクスやホグロフス、パタゴニアなどのアウトドアギアメーカーが、ノートパソコンなどを収納できるタウンユース向けの小型リュックサックを出しています。これに少量の荷物を収めてしまえば、重さもほとんど感じず、手ぶらで街を歩くことができる。そういう軽快な身のこなしに、ストレッチ素材の衣類って気持ち良く合っているんですよね。

最近はスニーカーも、まるで裸足で地面を感じられるような薄いソールのものが出ています。そういう靴を履き、ストレッチのある気持ち良い衣類を身につけ、軽い荷物で飛ぶように歩く。

だんだん裸に、裸足に、近づいていっているのです。それはまるで原始の時代の世界ですが、しかしそのような原始的生活は実は極度に発達したテクノロジーに裏打ちされている。

それが二十一世紀の新しいファッションのスタイルになってきています。このファッションの話は実はとても重要な意味を秘めており、本書の終盤でふたたび立ちかえることになるでしょう。

街に暮らすということ

このように自分自身が裸になっていき、外部と直接につながるという感覚は、ファッションだけでなく、実は住まいのありかたも変えつつあります。

わたしは先に、冷蔵庫を小さくして「街の食料品店を冷蔵庫としてつかう」という話を書きました。ミニマリスト佐々木典士さんは、まったく同じ考えかたで、こう話してくれました。

「トイレットペーパーやティッシュペーパーのような日用品の買いだめはしないん

です。ストックがあると場所をとるし、どれだけの量を置いてるのか把握できなくなってしまうのが嫌なんですよね。だから、シンプルになくなったら買いに行く。お店をストックのある倉庫だと考えるということです」

都市生活の高度化によって、わたしたちは「街」を自分の「家」の延長線としてとらえることができるようになってきています。

不動産コンサルタントの長嶋修さんは、住まいのこれからのありかたについて、こう話されています。

「家を選ぶというと、多くの人はマンションか一戸建てか、購入するか賃貸かという選択肢で考えがちです。でもいちばん大切なのはそういう選択肢ではなく、『どの街に住むのか』ということなんですよ。街を主体にして住む場所を決めることが大事なんです」

わたしたちは家に暮らすのではない。「街に暮らす」「土地に暮らす」ということなのです。

「街に暮らす」ということを考えると、テレビドラマや映画にもなった『深夜食堂』(安倍夜郎、小学館)という素敵な漫画を思い起こします。新宿の街のはずれ、路地にひっそりとある「めしや」と書かれた小さな食堂。午前零時から朝の七時ぐらいまで開いてるお店。メニューもあるけれど、おやじはこう言います。

「食べたいもん言ってくれりゃ、できるもんならつくるよ。そんな店なんだ」

このお店には風俗嬢からサラリーマン、隠居したお年寄りまで、いろんな人が集まってくる。常連の彼女はお店に顔を出すと「ただいま」とあいさつし、おやじは「お帰り」とかえす。

料理も美味しいけれど、それ以上に、そこでおやじやお客さんたちと一緒にいることが気持ちいいのでしょう。かならずしもみんなで喋るわけではなく、ただ黙って座って豚汁や焼き魚、コロッケを口に運んでいるだけで、自宅にいるような居心地の良さ、人と一緒にいることの嬉しさをかみしめることができる。

こういう気持ちのいい雰囲気が望まれているのは、最近の大衆酒場人気にもつながっているのかもしれません。やたらと接客が低姿勢な大手チェーンの居酒屋よりも、キップのいいオバチャンがやってる赤羽や立石、横浜・野毛などの下町の大衆酒場のほうが居心地が良いのです。

わたしも、記憶の中にある一軒の居酒屋を思い出します。

以前、東京の神楽坂に長く住んでいました。古びた自宅マンションから住宅街を抜けて坂道をくだる途中に、いまはもうなくなってしまった「T」という小さな居酒屋がありました。紺色ののれんが下がっている引き戸を開けると、カウンターが十席ほどと、テーブル席がいくつか。椅子やテーブルなどの調度品はごくありきたりのもので、飾りっ気もありません。でもシンプルで清潔。

お品書きの最初には「すぐにお出しします」とあって、冷や奴やきんぴらごぼう、しらすおろし、ポテトサラダ、ほうれん草のおひたしといったつまみが並んでいます。お刺身もありますが、まぐろのぶつやいかの刺身などごく普通で、とくだん旬のすごい魚があるわけでもない。焼き魚もあるし、天ぷらも煮物もあり、そして豚肉の生姜焼きやとんかつもある。いつも明るい口調のおにいさんがいて、店内には気持ちいい空気が流れています。

日本酒を飲みながら魚を突っついてる会社員風の男性もいれば、生姜焼きを定食にしてもらって晩ご飯にしている女性もいる。

狭い厨房には、ちょっと無口なお父さんと、そして小柄なおばあさんがいて、ときどき「ほら、これどうぞ」と自家製の白菜のぬか漬けとかを小皿に出してくれます。お酒をゆっくり飲んだあとに〆の白いご飯や握りたてのおにぎりを頼むと、飛びきり美味しい熱々の味噌汁もサービスでついてきます。これがほんとうに旨くて、いっときは週に何度も通っていました。

居酒屋っていうと、やたらとメニューの品数だけ多くて、でも画一的なチェーンの居酒屋か、そうでなければ高級魚とか珍味とかを選りすぐって出すような専門的なお店の両極端に分かれる感じがありますよね。「T」のようにごく当たり前の家庭料理をきちんとつくって出してくれる店って、案外少ない。でもわたしたちはいま、こういう穏やかで素朴な食を求めている。それが最近のファストフードやチェーン居酒屋離れと、昔からの大衆酒場ブームにも現れているのかもしれません。

この新しい健全な食の空間では、食べる場所とつくられる料理が「お店」であるか、自宅の台所であるかということにもはや境目はないのでしょうね。たとえば台湾や香港では人々はあまり料理せず、近所の料理屋で食事するのがごく普通だったりします。

居酒屋「T」のことを思い出していたら、よく頼んでいた熱々のコロッケが食べたくなってしまいました。

今日はさといもが冷蔵庫にあったので、これでコロッケをつくってみましょう。コロッケって普通はじゃがいもをつかうのですが、さといもだとトロトロのクリームコロッケみたいになって、これもとても美味しいんですよ。

◎さといもコロッケ

まずさといもを茹でます。なまのままでぶ厚い皮を剥くのはたいへんなので、皮付きのまま茹でます。わたしは時間短縮のため、たいていは圧力鍋で茹でてしまいます。竹串がすっと刺さるぐらいになったら湯を捨てて、皮をずるりと剥きます。熱いので気をつけて、皮膚の弱い人はふきんとかペーパータオルで包んで剥いたほうがいいでしょう。

剥いたさといもを、マッシャーでよく潰します。塩を振って、少し練るような感じでこぶりにまとめます。小麦粉をはたいて、溶きたまごをくぐらせて、パン粉をまぶします。タネのさといもにはもう火が通ってますから、一八〇度ぐらいの油温でさっときつね色になるまで揚げてできあがり。

熱々のところに、中濃ソースでもかけてかぶりついてみてください。さといもがトロトロになってて、まるでクリームコロッケみたい。肉などまったく入れていない純粋さといもだけなのに、なんだかこくのある味になってるのが不思議です。ちなみにソースじゃなく塩でも美味しいですよ。

コロッケってご飯と一緒に食事にもなるけれど、おやつとしても最適ですよね。街を歩いていて肉屋のショーケースに美味しそうなコロッケが並んでいるのをみると、つい買い食いしたくなってしまいます。

自分たちの手で暮らしをつくりたい――「タイニーハウス」

房総半島の東側、外房の太平洋沿岸。

海岸から少し内陸に入ると、静かな田園地帯が広がっています。この一角の気持ち良さそうな場所に、とても小さな家を建てて家族四人で暮らしている鈴木菜央さんという人がいます。

「建てて」というのは正確にいえば、ちょっと違う。菜央さんの家は、もともと彼の友人が房総の北の方の街で住んでいたトレーラーハウスだったのですが、譲り受けていまの場所まで運んできたのです。広さは三五平方メートル。いくら子どもが小さいといっても、ここに四人で暮らしているのはちょっとびっくりです。

菜央さんは、持続可能な社会をつくっていこうという活動をしている「グリーンズ」というNPOの代表です。以前は雑誌「ソトコト」の編集者を務めていたこともあります。

いまのトレーラーハウスに引っ越すまでは、同じいすみ市の中で一五〇平方メートルもある大きなログハウスに住んでいました。目の前に川があって緑も多く、まるでアマゾン川のほとりのような雄大な景色を楽しめる家でした。

でも「もっと楽しい暮らしって何だろう」と考えたときに、それはお金にものを言わせて大きな家に暮らすことではない、と菜央さんは気づいたそうです。

彼はこう話します。

「僕にとっての楽しい暮らしは、暮らしをできるだけ自分たちの手でつくること、エネルギーをなるべくつかわないこと、友人たちとたくさんつながること。そのような暮らしをずっとしたいと思っていました。そしてみんなで面白がれて、毎日旅に出るような気持ちになれる暮らしかたはないかなと考えてたんです」

グローバリゼーションが世界を覆っていき、さらに二〇〇八年にリーマンショックが起きて、米国では「がんばって仕事すれば、みんなが庭付きの一戸建てとクルマを持てる」というような中流の夢がだんだんと壊れていきました。そういう中で、もっと生活を見直して、モノを所有せずにシンプルに暮らし、鉄の扉の大きな家から出て、小さな家と仲間たちとのつながりを大事にしようという動きが起きてきます。これを「タイニーハウスムーブメント（小さな家の運動）」といいます。

菜央さんはこのタイニーハウスムーブメントに触れ、「これだ」と感じました。そうしてタイミング良く友人がトレーラーハウスを手放そうとしていることを知り、いまの家に移ることになったのです。

小さなリビングとキッチン、六畳ぐらいの寝室、それに天井のとても低いロフトが二部屋。浴室とトイレ。菜央さんの小さなトレーラーハウスにはテレビも炊飯器も電子レンジもなく、冷蔵庫もすごく小さなタイプしか置いてありません。

買い物は近所の野菜の直売所とスーパーマーケットですませますが、その都度買ってきたものを食べるので、冷蔵庫はほとんど必要ない。野菜は冷蔵庫に入れるよりも、立てておく方が鮮度が保てるし、葱だったら土をかぶせて置いておけばいい。味噌や醤油も自分でつくっているそうです。

菜央さんはこう言います。

「前に大きな家に住んでいたときは、家族のできごとがすべて家の中で起きていたし、人が来るときも大掃除をしなければならないので、たいへんでした。でもいまの家は小さいから、家の中でできることが少ない。だから外に出ていくようになって、外の庭でパーティーを開いたり、遊んだりするようになった。だんだん家が開かれていく感じがしていますね」

鉄の扉に閉ざされた内側だけが家ではなく、家は外に開かれている。「街で暮らす」という感覚が、ここでも共鳴しています。

公と私をゆるやかにつなぐ境界

そしてこれは、近代日本にはなかった新しい住まいの感覚です。しかしそれと同時に、実は古代から続いてきた伝統的な住まいのスタイルへの回帰でもあるのです。

建築家、山本理顕さんの『権力の空間／空間の権力』（講談社）という本に出てくる話ですが、古代ギリシャの家には「アンドロン」という部屋があったそうです。石造りの家が街路に面して建てられていて、門を入ると美しい中庭が広がっている。アンドロンはこの中庭に面していて、部屋の中には小石が敷き詰められて美しく仕上げられていました。ここで主人と来客たちは食事をし、議論をしたり談笑したりしていたのです。つまりアンドロンというのは、外部の人を招くサロンのような場所です。

アンドロンや中庭を中心とした、家の中でも街路に近い部分は「男の領域」と呼ばれていました。街路から離れた奥の方には寝室や台所があり、これは「女の領域」。女の領域はごく私的でプライベートな場所です。しかし男の領域は、都市国家のポリスという公共空間と、女の領域という私的な空間のちょうど中間にあり、プライベートと公共のあいだのクッションのような役割を果たしていたのです。こういうワンクッションの空間を、山本さんは「閾《しきい》」と呼んでいます。この「閾」を介して、個人の生活は外の世界につながり、同時に分離もされている。

「閾」のような空間は、昔の日本にもありました。昭和のころの古い木造住宅では、引き戸を開けると土間をはさんで上がり框《かまち》があって、腰をかけられるようになっている。引き戸はたいていの場合、昼はカギをかけずに開けっ放しになっていて、だれでも勝手に入ることができ、近所のおばさんが訪ねて来たりすると、ここに腰をかけておしゃべりに花を咲かせたりしていました。

小津安二郎監督の一九六二年の映画「秋刀魚の味」には、岩下志麻さん演じる娘が夜遅く帰宅して、笠智衆のお父さんに「お父さん、そろそろカギかけるわよ」と声をかけるシーンがあります。この時間まではカギを開けっぱなしだったのですね。

つねに家はポリスや村のような地域共同体につながっていて、プライベートと公の境界は「閾」によってゆるやかにつながっていたんですね。

しかし近代の到来と産業革命による工業化によって、わたしたちはそうした古くからの共同体から切り離されました。農村を出て都市へと移動し、鉄の扉で外と隔てられたマンションのような共同住宅に住むようになります。単一の仕事をおこなう工場労働者を大量に集め、その生活を支えるための専業主婦制度という家族のありかたが確立し、住宅は労働者を工場の仕事に集中させるためのものになりました。このシステムの中では、地域の共同体につながるための「閾」はまったく不要であり、逆に都市という危険な外部と遮断できる鉄の扉と頑丈なカギが必要だったということなのでしょう。この結果、日本でもどこでも、工業化の進んだ国では「閾」はなくなっていったのです。

都市か田園か

一方で近代の新しい都市生活は、きわめて劣悪でした。たとえば十七世紀から十九世紀にかけてのロンドンは、劣悪な生活環境、ひどい貧富の差、都市への人口集中。都市生活というものの残酷なまでの恐ろしさが縦横に発揮された時代です。『ロンドン庶民生活史』(ミッチェル/リーズ、みすず書房)という本には、このころのロンドンがどのようなものだったのかが描かれています。

同書によると一六一三年、ロンドンには水道が完成していました。しかし人口集中によって水質は年々悪化。川床には汚物が堆積するようになりました。水質に無頓着なロンドン市民が、おかまいなしに汚物やゴミを住宅のドアから川へと投げ込んだからだそうです。テムズ川の水はもともとは緑がかったコーヒー色だったのが、河口のあたりでは「黒い糖蜜のような色と濃さに深まり、干潮時に露出する泥の岸は粘っこい浮きかすで覆われた」のだそうです。気持ち悪いですね。

一八五八年の夏は、「大悪臭」の年として歴史に遺っています。夏の酷暑のうえに雨が異常に少なく、テムズ川からは信じられないほどの悪臭がたちのぼりました。ウェストミンスターの国会議事堂はテムズ川の河畔にあったので、議会さえ開けず、呼吸できるように議事堂の窓を石灰の漂白剤に浸したカーテンで覆う対策がとられたほどでした。雲ひとつなくロンドン以外では快晴だった日でも、暖炉から出る煙がロンドン中を覆って濃霧のようになっていたのです。

ロンドンの集合住宅の貯水槽には水道がつながっていましたが、下水の汚物が薄められてポンプで送り込まれていた状態だったそうです。きれいな水が飲めるようになったのは、二十世紀まで待たないといけませんでした。一九〇三年に首都水道局ができてようやく水道の水質問題は解決したのです。

このような酷い都市生活は産業革命によって加速しましたが、もともとはスチュワート朝やチューダー朝からの都市の問題が顕在化したのだと『ロンドン庶民生活史』は指摘しています。

十八世紀の後半には、フランスの政治思想家ジャン・ジャック・ルソーが『エミール』（岩波文庫）の中で都市を痛罵しています。

人間はアリのように積み重なって生活するようにつくられていない。かれらが耕さなければならない大地の上に散らばって生きるようにつくられている。ひとつところに集まれば集まるほど、いよいよ人間は堕落する。弱い体も悪い心も、あまりにも多くの人がひとつところに集まることによって生じるさけがたい結果だ。人間はあらゆる動物の中で、群れをなして生活するのにいちばんふさわしくない動物だ。

この後に、よく知られている「都市は人類の堕落の淵」という名言が出てきます。

都市は人類の堕落の淵だ。数世代ののちにはそこに住む種族は滅びさるか、頽廃する。それを新たによみがえらせる必要があるのだが、よみがえりをもたらすのはいつも田舎だ。だから、あなたがたの子どもを田舎へ送って、いわば自分で新しくよみがえらせるがいい。

ルソーのこの都市のとらえかたはかなり極端で、劣悪な居住環境だった当時の都市のイメージがどのようなものだったかを象徴しています。とはいえこの都市蔑視思想がいまにいたるまで人気を保ってきているのも事実です。つねにわたしたち自身の中には「都市は堕落している。本来のわたしたちの生きかたは自然たっぷりの田園にあるはずだ」というアウトサイダー的な反逆クールがひそんでいるということなのかもしれません。

ほんとうに自然にやさしい暮らしとは

アメリカの経済学者エドワード・グレイザーは著書『都市は人類最高の発明である』（NTT出版）で、ルソーに反論して「都市こそは、人類を最も輝かせる共同作業を可能にする」と指摘しています。

人類は他の人から実に多くを学ぶので、まわりに人が多い方が学べるのだ。（中略）大都市では、人々は共通の関心を持つ仲間を選べる。ちょうど一九世紀パリでセザンヌとモネが出会ったように。あるいは二〇世紀シカゴでベルーシとエイクロイドがお互いを見つけたように。都市は見たり聞いたり学んだりするのを容易にする。人類の本質的な特徴はお互いから学ぶことなので、都市は私たちをもっと人間的にするのだ。

言われてみれば、ごもっとも。人間という生物はそもそもが社会的な生物であり、集まって暮らすことが本能としても理にかなっているはずです。ではなぜ「田園に帰れ」というような反逆クールが広く支持されているのでしょうか？

冷静に考えれば、田園生活で反消費社会的に暮らすのは、かなりの覚悟が要ります。たとえばわたしは先にも書いたように軽井沢に戸建ての家を借りていますが、冬のあいだは床暖房をつけっぱなしにしています。不在の際も、タイマーをつかって夜間だけ床暖房を入れておく必要がある。そうしないと、水道管が凍結してしまうからなのです。燃料はガスではなく灯油なのですが、これによって膨大なエネルギーを消費しています。薪ストーブも人気ですが、燃やされる薪から排出される炭素は膨大です。

おまけにクルマの問題もある。東京ではわたしは利便性の高い地下鉄駅のそばに住んでいるので、最近は自家用車を利用することはあまりありません。主に登山に出かけるときと、軽井沢や福井への移動につかっているだけです。もし三拠点生活をやめる日が来るのであれば、クルマは手放すかもしれません。一方で軽井沢や福井での生活は、クルマは必須です。買い物に行くたび、新幹線に乗るため駅まで行くたび、レストランなどに食事に行くたび、ガソリンをたくさん燃やしています。ほんとうに反逆クールを実践し、消費を減らすのであれば、軽井沢の山中などに住まず、東京などの都市で集合住宅に住んだ方がずっと熱効率は良いのです。

グレイザーも、ニューイングランドの田舎に引っ越した自分のことを「私は比較的慎ましい都会のエネルギー利用者から、大量の炭素排出者になってしまった」と書き、こう続けています。

都市は木々に囲まれた生活よりもずっと環境によいのだ。森に住めば、自然に対する愛情を示すにはいいかもしれないが、実はコンクリートのジャングルに住む方がはるかに地球に優しい。ヒトは破壊的な種で、ソローのようにそのつもりがなくても破壊してしまう。森を燃やし、石油を燃やし、どうしてもまわりの風景を破壊してしまう。自然が好きなら、自然に近寄らないことだ。

ソローというのは、『森の生活』（岩波文庫）という自然の中の隠遁生活を描いたベストセラーを書いたアメリカの哲学者です。でもソローは家を建てて、自然を破壊しています。ほんとうに自然が好きで自然をそのままにしておきたいのなら、そこに家などという人工物を建てない方が良いということになるのです。もっとも自然にやさしい暮らしかたは、高層の集合住宅に集まって住んで、徒歩通勤することなのです。

もちろん、灯油や電力などつかわず太陽光パネルのみのオフグリッドで、自給自足の生活をすれば、エネルギーを浪費することもなく、二酸化炭素の排出量も少なくてすむでしょう。しかしそういう生活をするのはかなりの覚悟が要ります。そこまでして反逆クールを実践するのであれば賞賛されるべきだと思いますが、そこまでの覚悟がある人はどれだけいるのでしょうか?

東京はいま、住みやすく静かな街

ルソーの当時と、現代のグレイザーとでは都市観が大きく変わっています。

その背景には、都市のありかたが二十世紀なかばぐらいから大きく変容してきたことがあります。ひとことでいえば、劣悪な都市生活が、快適で居心地良いものへと変わったのです。

最初の大きな原動力は、第二次産業革命によって引き起こされたモータリゼーションでした。多くの労働者が自動車を所有するようになり、これによって郊外で生活することが可能になったのです。人口が集中しすぎて過密になり、住宅価格も高騰していた都心部を離れて、人々は郊外にのがれるようになったのです。それまでの「都市と田園」という二者選択から、「都市と郊外と田園」という三つの選択肢に変わってきたのです。

日本では、戦後の高度経済成長で首都圏に人口が流入し、住宅が極端に不足した時期がありました。家族五人で四畳半ひと間のアパートの部屋に住む、などというのも特別ではないほど劣悪な住宅事情だったのです。これを緩和するため政府は持ち家政策を推進し、郊外の住宅地開発も急速に進められました。象徴的なのは東京の西の丘陵地帯に広がる多摩ニュータウンで、一九七一年から入居がはじまりました。このころから、伝統的な日本家屋ではなく、小さいながらもリビング兼ダイニングの「ＤＫ」を備えてテーブルと椅子で暮らす新しいライフスタイルがもてはやされるようになりました。

このころ、「住宅すごろく」という不思議な流行語も生まれました。上京して都会のアパートでひとり暮らしをはじめ、結婚して賃貸マンションに住み、やがて分譲マンションを購入。そして最終的にはマンションを転売し、郊外に庭付きの戸建て住宅を建てるというのが「人生のあがり」とすごろくになぞらえられたのです。多くの人が、生涯の人生設計を立てられると信じていた時代でした。

このような郊外への人口流出によって、戦後ずっと増加していた都心人口は、一九七〇年代を境にして減少していきます。一方で首都圏郊外は、一九六〇年には五六〇万人しかなかったのが、七〇年ごろには一千万人を突破、一九九〇年には一七〇〇万人にまでふくれあがりました。この郊外流出の中心になったのが団塊の世代です。

ところが九〇年代なかばになると、郊外流出が止まります。かわって人口の都心回帰がはじまったのです。九〇年代前半の五年間に二十五万人減った都心人口は、九〇年代後半の五年間でなんと十三万人あまりも増えました。特に人口が多く増えたのは、中央区や千代田区、港区、江東区、足立区といった地域。イメージしていただけるとわかりますが、タワーマンションなど新しい集合住宅がどんどん建っているエリアです。

これは、バブルの崩壊とその後の「失われた二十年」が大きな要因のひとつになっています。バブルのころは都心や都心に近いエリアの地価は高騰し、このためかなり遠く離れた郊外に住宅を求めた人が多かったのです。多摩ニュータウンでも西側の八王子や稲城の方面にエリアが拡大し、このあたりから都心の会社に通うと通勤時間は軽く一時間を超えていました。さらには私鉄沿線の、駅からさらにバスで十分というような不便な場所の団地や、もはや通勤圏とはいえないような埼玉県飯能市、山梨県上野原市、茨城県土浦市あたりにまで東京のベッドタウンは広がりました。

ところがバブルが崩壊して地価は下落し、都心の不動産価格や家賃が安くなりました。湾岸エリアにたくさんの高層マンションが建ちはじめ、これが都心回帰の原動力となっていきます。二〇〇〇年代の小泉純一郎政権の規制緩和で都心部の容積率が緩和され、大規模マンションを建てやすくなったという背景もありました。これらが、「郊外離れ」につながりました。わざわざ不便な郊外に住まなくても、都心で生活できる。郊外に家を建てたのは団塊世代でしたが、その子どもたちは家を継がず、都心に戻って生活するようになったのです。そして郊外の過疎化がはじまります。

この都心回帰は、高度経済成長のころの都心への人口流入とはまったく様相が変わっています。昔とくらべると都市インフラは高度に整備されており、緑も豊富にあります。住宅事情も改善され、一世帯あたりの住宅面積も広くなりました。どこにでも二十四時間営業のコンビニがあり、小さな個人経営のビストロや居酒屋、商店も充実しています。つまりは東京という都市は、かつてないほど快適で住みやすくなっているのです。

少し前に「はてな匿名ダイアリー」というだれでも匿名で投稿できるブログに、こういう短い文章がありました。

「コンクリートジャングル　アスファルトに囲まれた　ビルの谷間　乾いた都会の砂漠　みたいな建築関連のこと　あんまりいまの歌詞に出てこなくなったね」

「満員電車に揺られ　足早に駆け抜ける人々　すれ違っても無関心　みたいなのは若干発見することもある気がするけど」

高度成長のころ、人口過密で急成長していた東京はたしかにコンクリートジャングルでした。七〇年代には「東京砂漠」というタイトルの歌謡曲もあったほどです。しかしいまの東京は砂漠ではなく、緑が育ち、住みやすい静かな街へと変わっています。クラクションを鳴らすクルマは少なく、大声を上げる人もあまりおらず、みんながひっそりと生活を楽しんでいる。そういう都市へと変貌しているのです。

わたしたちが都市に求めるもの

この都市の変化は、わたしたちの考える「好きな街」の感覚の変化にも現れています。

前に紹介したナオミ・クラインのトロントの工場街のような反逆クール的な好みでは、「**外へ、外へ**」と大衆から逃れることがカッコよかった。東京でいえば、渋谷や新宿が大衆に受けているのであれば、大衆のいない六本木を好む。それに憧れて人々が六本木に押し寄せてくるようになると、さらに逃げて西麻布や飯倉片町といったアウトサイドな街に向かう。

一九八五年に、とんねるずが「雨の西麻布」という歌をヒットさせました。作詞した秋元康さんは、有名な場所ではない地名をあえてつかったそうです。当時は西麻布はいまほど知られておらず、六本木駅からも広尾駅からも遠く不便な場所で、知る人ぞ知る遊び場でした。これこそまさに反逆クール的発想ですね。

しかしこうした「わたしたちだけが知っている隠れ家」「大衆の知らない凄い土地」という考えかたはいまの若い世代では影を潜め、そんなことはどうでもよくなっている。そうではなく、ただまったりと暮らせる居心地の良い街で暮らしたいと思う人たちが増えています。

たとえば最近の東京では、三軒茶屋や西荻窪、清澄白河といった街が人気ですが、これらの街を好んでいる人たちにはエリート意識なんて毛頭ないでしょうし、自分たちが大衆社会から脱出してこの街を選んだなどという発想もないでしょう。三軒茶屋や西荻窪には小さな個人経営の店がたくさんあり、都心にもそこそこ近く、でも観光地ではないので週末の異常な人混みもなく、居心地の良さがすばらしい。それが選ばれる理由になっているのです。

マーケッターの三浦展さんは、「なぜ今人々は都心に住居を求めたがるのか?」というウェブのインタビュー記事で、これから好まれる街についてこう語られています。

「これからの街づくりは、女の子の消費力、ファッションなどに頼るだけでは、もうダメだと思います。これからは、面白くはたらける場所として選ばれること。そこではたらきながら、子育ても楽しくできること。外国人観光客が訪問したい街であること。モノじゃなくて、人と出会える街。住んでいて楽しい。はたらいて楽しい。これが生き残る街の条件となるでしょう」

このように都市は変化してきています。いっぽうで、日本全体を見れば、人口が減りはじめて都市が空洞になろうとしています。

これからは多くの都市が消滅していくことになるでしょう。山あいの限界集落だけでなく、首都圏の郊外でも不便な立地の住宅街はすでに過疎になりはじめています。空き家は増えつづけ、とどまるところを知りません。空き家の取り壊しに自治体が助成金を出すような動きもありますが、そもそも取り壊したあとに何かをつくる目論見がなく、予算も足りなければ、取り壊すこと自体が無駄になってしまいます。だからそういう空き家は、もう放置していくしかないのかもしれません。

コンパクトシティという政策があります。住民には都市の中心部に住んでもらい、そこに学校や病院、図書館などの施設を集約させてしまおうというものです。米オレゴン州のポートランドが有名で、一九七九年から「都市成長境界線」というものを導入しました。これは中心部のまわりを線でかこってしまって、その外側はもう開発しないし、市民も住んではいけません、と決めてしまうというものです。すごい割り切りですね。でもポートランドはこれで再生し、いまでは新しい都市文化の象徴のような街として人気になっています。

日本でも、国土交通省が「中心市街地活性化」というちょっと堅い用語をつかって、コンパクトシティを全国ですすめようとしています。さまざまな自治体がこの基本計画をつくっている段階なのですが、いずれ計画が実行に移されるようになっていけば、人口の減少とともにさまざまなコンパクトシティが全国で誕生してくるでしょう。

不動産コンサルタントの長嶋修さんは、「すべてのコンパクトシティがうまく行くわけではありません。失敗するところも当然出てくる。自分の住む街がコンパクトシティとして成功するのか失敗するのかと言うことが、これからはとても重要になってくるでしょう」と話します。そうならないためには、自治体に任せきりにするのではなく、住民も一緒に知恵を絞り、さまざまなとりくみをして、「生き残る都市」をともにつくっていくという努力が必要になるでしょうね。

これから二十年、三十年先の日本。その時にわたしたちの国土は、どんな姿をしているのでしょうか。中心市街地をぐるりとかこむ境界線の外側では、空き家ばかりになった住宅地はうち捨てられているでしょう。濃い緑が廃墟を覆い、山からおりてきた野生動物たちが闊歩しているかもしれません。やがて建物の多くは土に帰っていくことになる。やがては明るい照葉樹林が大地に広がり、古代の日本のような姿へと戻っていく。そんな光景を想像します。

しかし、コンパクトになって生き残った都市は、いまよりもずっと住みよい街になっているでしょう。充実したインフラと豊かな緑を持ち、外に開かれた暮らしを実現する空間に変わっていっているはずです。

その未来に向けて、わたしたちが都市に求める要素も、変わっていこうとしているのです。

しかしまだ不足しているパーツが、もうひとつあります。

それは何かといえば、物理的な都市空間そのものではなく、わたしたちの都市生活のスタイルです。現実にはわたしたちの生活のありかたそのものがまだ変化していない。つまり都市はコンクリートジャングルではなくなったのにもかかわらず、わたしたち人間の都市における関係性はあいかわらず「満員電車に揺られ　足早に駆け抜ける人々　すれ違っても無関心」のままでいるのです。

先ほど、建築家山本理顕さんの「閾《しきい》」という概念を紹介しました。家の内外を鉄の扉でくっきりと区切るのではなく、個人の生活を外の世界になめらかにつなげ、同時に分離もしているワンクッションの空間のことです。こういう「閾」の空間は伝統的な家では一般的でしたが、いまの都市の住宅には欠如しています。

しかし「閾」のない生活は、非常に不安です。住まいが社会とつながっていないからです。それでも終身雇用制がちゃんと維持され、多くの人が正社員だったころは、会社につながって生きていくという安心感がありました。でもいまのように非正規雇用が増えて、会社もどうなるかわからない、いつリストラされるのかわからないというような人生の先行き不透明な時代になってくると、外部と遮断された鉄の扉の中で暮らしているというのは、とても孤立感の強いものになります。

「だれともつながっていない、ここには自分しかいない」

そういう孤独な感覚です。

人間はそんな孤独に耐えられない。農村共同体はもうどこにもない、会社にも所属しなくなった、親戚も近くにいない。そういう状況になってしまって、再び人々は共同体を求めている。そこに、新しい住まいのありかたが現れてくる余地があるのです。

つまりいま起きているのは、インフラが高度に整備され住みやすい二十一世紀型の都市の誕生と、それに合わせた新しい共同体という二つの可能性が拓けてきているということなのです。

「新しい酒は新しい革袋に入れよ」という聖書のことばがありますが、都市生活のありかたも同じです。新しい都市には、新しい暮らしと新しい共同体が求められている。それは自分で自分の生活を鉄の扉の中にしまい込むのではなく、「閾」をクッションにして外に開いていき、外との関係の中で豊かさを見つけていくような生活です。

「場」を求める若者たち

実際、そういう暮らしのありかたは、すでに少しずつ日本社会にも広まってきています。

そのひとつの現象が、シェアハウス。シェアハウスはだいぶ前から、都市部を中心に若者たちのごく当たり前の住まいになっています。シェアハウスのような共同生活を楽しめるかどうかというのは、けっこう世代的な差があるようにわたしは感じていて、一九九〇年代生まれ以降のミレニアル世代にはほぼ抵抗がないようです。

シェアハウスの先駆的存在として知られた「六本木よるヒルズ」の中心メンバーだった高木新平という若い友人がいます。もう五年ぐらい前のことになりますが、シェアハウスがまだ数少なかったころに彼に聞いてみたことがあります。

「自宅にいる時にまで他人がいるのって、なんだか落ち着かないし、プライバシーがない感じがするんだけどそんなことはないの？」

新平は笑いながら答えてくれました。

「俊尚さん、ぼくらは外に出たらみんなひとりなんですよ。だったら、家にいるときぐらい仲間がいてほしい」

この返答には、ぐっと来ました。まさに現在の共同体不在の時代状況と、それに彼ら若い世代がどう適応しようとしているのかをみごとに説明していたからです。

シェアハウスに住む理由は人それぞれで、もちろん最も大きいのは家賃負担の問題でしょう。ひとりでワンルームマンションを借りるのよりも安い金額で、広いファミリー向けマンションに住むことができる。でもそれだけではなくて、やはりなにかの「場」のようなものを求めている人が多いようです。

「大きなキッチンがあるのが嬉しい」

と答えてくれた女性もいました。ワンルームだと小さなシングルコンロしかなく、調理台も狭いので料理をするのがたいへんです。それにくらべれば3LDKのマンションにはたいていの場合、三口ぐらいある大きなコンロとつかいやすく広い調理台がセットになっています。

シェアハウスのリビングルームをイベントスペースにつかうというのも、よく目にします。最近、わたしの若い友人たちが運営しているそういうシェアハウスに呼ばれて、トークイベントに参加してきました。

もともと彼らは、夫婦ひと組を含めて計五人で高田馬場のシェアハウスに住んでいました。名づけて「ババハウス」。以前は独身の女性三人のシェアハウスだったのですが、ひとりが結婚することになります。「でも二人でマンション借りるより、シェアハウスに夫婦で入居しちゃった方が安くすむ」「いろんな人と住む方が、新婚二人でいるより刺激的」と考えて、夫婦と単身者が混在する一戸建てに引っ越したんですね。

その彼らが、「家族も住めるシェアハウスをつくって、将来的には子育てもできたら、もっと楽しいのでは」と考えて、さらに大きな家に引っ越したのは二〇一六年。三階建ての7LDKという巨大な新築の戸建てです。どうしてそんな巨大な物件が見つかったのかといえば、奇特な大家さんが「理想のシェアハウスの建物をつくってみたい」と考えて建てた家と偶然に出会ったからなのでした。いろんなことを考える人たちがいる時代ですね。

この巨大戸建てにはなんと夫婦二組、独身の三十歳前後の人たちが五人、さらに十九歳の若者が一人と、計十人もの人たちが住んでいます。入居とほぼ同じくして、彼らはオープニングパーティーを開いて友人たちを呼びました。集まってきたのは約六十人。わたしも呼ばれて、大学の先生やまちづくりのプロジェクトをやってる人と一緒にトークしてきました。さまざまな出会いもあり、開かれた住まいからさまざまに人間関係が広がっていくという面白さを存分に感じることのできた一日でした。

共有設備とコモンミール――「コレクティブハウス」

この外部に開いていくシェアハウスは、新しい共同体の萌芽なのだとわたしはとらえています。血縁でもなければ、地縁でもなく、同じ会社という社縁でもない。なんの関係もなかった人たちが集まってきて一緒に暮らすという、無縁からはじまる共同体です。ひょっとしたら遠い未来には、老若男女がともに暮らし、育児も介護もシェアするような新しい共同体がたくさんできているかもしれません。

シェアハウスは台所も浴室もリビングルームも共有する住まいですが、もう少しゆるやかな住まいのシェアのありかたもあります。コレクティブハウスと呼ばれているもので、一見するとマンションのような共同住宅に似ています。それぞれの家にリビングルームや寝室、トイレ、浴室、台所などがついていて、普通のマンションと変わりません。異なるのは、共有部分にコモンリビングやコモンキッチンなどのみんなでつかえる設備があり、そして日々の食事を交代でつくるコモンミールというこことがおこなわれ、また清掃や植物の管理なども共同でおこなわれているということ。

少し余談になりますが、コーポラティブハウスというのもあります。これはマンションのような共同住宅をみんなで建設して、一緒に住もうというしくみです。人数を集めて組合を結成し、この組合が事業主体となって土地取得、全体の設計、建築家への依頼、建築業者の手配などをおこないます。つまりデベロッパーに頼らず、自分たちで分譲マンションを建てるというものなんですね。

さて、コレクティブハウスを訪ねましょう。

初夏のある夕方、京王線に乗って聖蹟桜ヶ丘の駅を降りました。多摩川から近く、丘陵がめんめんと連なっている山すそに位置する街です。駅前には大型のショッピングセンターやデパート、家電量販店があってオフィスビルも建ち並び、とても賑わっています。

繁華街を抜けて五分ほど歩くと、すぐに静かな住宅街へと変わります。ゆるやかにカーブする道沿いに、鉄筋コンクリート二階建ての横に長い建物が見えてきました。外からでも、とても緑が多いことがわかります。ここが「コレクティブハウス聖蹟」です。

一階にある広いキッチンには、大型の業務用コンロと業務用オーブンが備えられていました。レストランの厨房のような立派な設備です。

このコレクティブハウス聖蹟でも、コモンミールがおこなわれています。わたしが訪ねた日には、取材させていただいた山下由佳理さんのご主人が、ハンバーグとナポリタンスパゲティ、コーンポタージュスープの献立をつくっていました。全部で二十食。オーブンを駆使して、ハンバーグは焼き目をつけてからまとめてオーブンで加熱するというやりかたで、まさにレストラン並みのレシピです。

コモンミールはひとり四百円。子どもは二百円です。壁には手書きのスケジュール表が大きな紙に書かれて貼ってあり、自分が料理をできる日を記入します。このコレクティブハウスには大人が三十人弱ぐらいは住んでいるので、順調にまわせばだいたい月に一度ぐらいはまわってくる計算。何人かでチームを組んで料理することも多いようです。

「全員が料理するんですか?」

と山下さんに聞いてみました。

「はい、全員です」

「でも、料理できない人もいるんじゃないですか？」

「だれでも一品ぐらいはつくれますよね。ここにも肉じゃがしかつくらない人がいますよ。だからその人の名前がスケジュールにあると、『ああ、今日は肉じゃがなんだな』ってわかるんです（笑）」

月に一度ぐらいの当番であれば、毎月同じものをつくっても文句は出ない。たしかによくできたシステムです。スケジュール表には、その日のコモンミールを食べたい人も名前を書き込むようになっていて、当番の人は人数を確認してその日の調理をスタートします。午後七時には食事ができるように準備するルールだといいます。

「いままでまったく料理をされていなかったという六十代の男性入居者の方が、コモンミールで料理に目ざめたっていう例もあるんです」

「やりはじめたら楽しくなっちゃったんですね。いい話だな」

「その人は、いまでは外の料理教室にも通うぐらい料理に熱中されてるんですよ」

コレクティブハウスの自律的な共同体

山下さんはコレクティブハウス聖蹟に引っ越してくる以前から、シェアハウスに長く住んできました。まだシェアハウスという概念がなく、「ルームシェアリング」と呼ばれていた時代からです。関西から出てきて都心に住んでいたのですが、子どもの学校の都合で多摩エリアに引っ越さなければならなくなり、そこで物件を探していたときに出会ったのが、コレクティブハウスでした。

コレクティブハウジング社というNPOが、これからつくる聖蹟桜ヶ丘の物件の入居者を募集していて、入居者どうしで「どのようなコレクティブハウスをつくるのか」というワークショップを開いていました。まず歩いて街を知るところからスタートし、そしてどのような建物を求めるのか。コモンスペースはどのようなものにするのか。段ボールで模型をつくり、少しずつ議論を進めます。さらに「箱」だけを決めるのではなく、どうコモンスペースをつかいこなすのかという、その考えかたやしくみを入居者どうしですり合わせていきました。

コレクティブハウス聖蹟の共有部分のリビングはコルク貼り、廊下は無垢のフローリングです。だから入居者もゲストも、玄関で靴を脱いでスリッパに履き替えるしくみ。これはワークショップで決まった事柄のひとつでした。

各家庭のドアは鉄のドアではなく、半分すけてみえる磨りガラスのドアになっています。窓はスライドして上下が開くようになっているので、パブリック（公）とプライベート（私）がかなりシームレスにつながっている構造です。これも、ワークショップでの決定でした。

「室内が丸見えというわけじゃないけれど、照明をつけていれば灯りぐらいは見えて気配がわかる。そういう感じがいいよね」と。これはまさに「閾《しきい》」の発想ですね。

コレクティブハウス聖蹟にはワンルームから2DKまであり、単身者も暮らしています。入居の際に敷金のような負担金（デポジット）を支払い、これを共有部分でつから家具やカーテン、食器などの支払いに充てています。引っ越しして出て行くときには、このデポジットは返金されるルールです。

年齢はさまざまです。幼児もいれば、八十歳代の人もいます。単身者も、夫婦もいます。そしてこの多様な人たちが、コレクティブハウスという共同体をともに運営しています。

ここにはガーデニングや掃除、台所のメンテナンスなどさまざまな管理運営のグループがあり、入居者は全員どこかのグループに参加するルールです。それぞれが責任をもって活動をするのとともに、いま目の前にある課題を確認します。そしてその課題を、月に一度全員が参加して開く定例会で話し合うのです。

山下さんは話します。

「シェアハウスだと、定例会のようなしくみが確立していません。たとえばみんなが掃除をさぼりだしたりした時に、それをどうするのかと話し合う機会がないままずるずるとなってしまって、だれも掃除をしなくなってしまうということがよく起きていました」

単なる賃貸マンションの入居者であれば、掃除などのメンテナンスは管理組合やオーナーがやってくれます。しかしシェアハウスやコレクティブハウスのコモンスペースには、そういう便利な存在はいない。だから話し合いをしなければなりません。逆にいえば、そういう話し合いで決定できるからこそ「自分たちのスペース」として利用することができ、みんなで参加する共同体になることもできる。

他人に任せるか、自分たちでやるか。そういう違いです。

とはいえ、日本人ってたいてい議論は得意ではありません。わたしは過去、さまざまな議論の場で声の大きい人だけがしゃべり、その他の人は黙って聞いているという情景にたくさん出会ってきました。そういう危険性はないのでしょうか？と

山下さんに聞いてみると、

「こういうカードをつかうんです」

と彼女は六色の紙のカードをとりだしてきました。それぞれの色のカードには、手書きで文字が書いてあります。

緑「百パーセント賛成」
青「百パーセント賛成ではないが、意見はない（納得している）」
桃「百パーセント賛成ではないので、意見を言いたい」
黄「質問あり」
赤「反対」
黒「まったく議論を認めない」

みんなで課題を出し合い、それに対する解決策がだれかから提案されたら、このカードを全員が提示して、みんなで見せ合うのだそうです。

緑や青のカードの人は、発言しなくてもいい人たちです。桃と黄の人たちは発言したい人なので、意見を言ってもらい、質問も受けつけます。赤の人は反対なので、反対意見を言ってもらいます。黒はまったく議論を認めないという完全否定ですが、いままで一度もつかわれたことはないそうです。

このようにカードで提示することで、挙手しにくい空気でも気にせず発言できますし、他の人の意見に割って入る必要もなく、発言の順番を待つことができるわけです。これによって平等参加の議論を実現できる。

意見を言いたい人全員に発言してもらい、ひととおり意見が出たところでふたたび提案を調整し、もう一度カードをみんなで提示します。最終的に緑と青だけになると、その議題は採決されます。合理的なシステムですね。

議論の時に「おれがおれが」と言いたがる人というのは、実は自分の意見を聞いてほしい、自分の声をだれかに聞いてほしいという承認要求の高い人たちです。だから、ちゃんと意見を聞いてあげる場所をつくってあげれば、それ以上文句を言うことはなくなるようです。

定例会には進行役などはいますが、各グループから課題を受けとって、それをエクセルの表にして共有し、順番に話し合っていくだけなので、だれかがリーダーシップをとるということはありません。山下さんはそれをこう表現するのです。

「指揮者のいないオーケストラのようなものですね」

コミュニティが最初からそこにあるのではなく、関係性があれば生まれてくる。そういう自律的な共同体がこのコレクティブハウス聖蹟では育まれているようです。

仮住まいのはずの賃貸マンションが、共同体になっていく。前にも書いたように、戦後の日本では持ち家が住まいの中心でした。企業が終身雇用制を導入していく中で、社員に積極的に融資して家を持たせるようになったこともあり、住まいを購入して所有することが「一国一城の主になることだ」と推奨されるようになりました。そうして持ち家は豊かさの象徴となり、多くの人が一生涯をかけるほどの長い住宅ローンを組んで分譲マンションや戸建ての家を購入するようになったのです。賃貸マンションに住むということは「しょせんは仮住まい」「賃貸などに住んでいると老後に住む場所がなくなる」と否定的に見られる文化も生まれました。

しかしそういう持ち家政策と共同歩調をとるようにして育ってきた会社の共同体がもはや消滅する寸前になってきている中で、仮住まいだったはずの賃貸住宅がかわって新しい共同体をつくっていこうとしているのは、なんとも逆説的であり、興味深い現象といえます。

賃貸マンションが共同体になっているもうひとつの事例を紹介しましょう。

コミュニティになる賃貸マンション――「ロイヤルアネックス」

池袋で、マンションの大家さんをやっている青木純さんという人がいます。

青木さんはもともと不動産業界ではたらいていた人なのですが、二〇一一年の震災の年に、池袋にある「ロイヤルアネックス」という賃貸マンションを運営する株式会社メゾン青樹という同族企業の代表を、お祖父さん、叔父さん、お父さんから受けついで、四代目の大家さんになりました。一九八〇年代の古い建物ということもあり、当初は空き室だらけで、どうやって維持していけばいいのか途方に暮れていました。しかし新規入居者に「壁紙は自由に選んでいいですよ」という「カスタマイズ賃貸」サービスをはじめたところ、これが人気になって、だんだんと入居者が増えていきます。そこで青木さんはさらに踏み込んで、「オーダーメイド賃貸」ということをはじめました。これは入居者の希望に合わせて、部屋をリノベーションしていくというサービスです。なんと家賃の三十六か月分を上限にして、工事費はメゾン青樹が持ってくれるという太っ腹なやりかたなのです。「それじゃもとがとれないんじゃないの？」とだれもが思う疑問を彼にぶつけてみたところ、「自分の希望に合った部屋に入居できるとなるとみんな愛着がわくんですよ。だから三年どころかもっとずっと長く続けて住んでくれるので、空き室のまま放置しているよりはずっといい結果になるのです」

というお答えでした。なるほどねえ。

加えてこのリノベーションの工事は、新規入居者や、すでにロイヤルアネックスに住んでいる住人たちも参加しておこなわれるのです。これが入居者の人たちを仲良くさせる仕掛けになっています。普通は賃貸マンションに入居しても横のつながりはないことが多いのですが、ロイヤルアネックスはそこが大きく違います。

面白いことに、入居する人たちの多くは結局は「人を招きやすい家」を求めることが多いのだそうです。青木さんは「回遊性のある間取り」と呼んでいますが、たとえばクローゼットを通り抜けられるようにして、そこを通って洗面所や浴室に行けたり、来客が入ってきたときに楽しく感じるような空間にしたり。リノベーションを考えているうちに楽しくなって、その家に人を呼びたくなってくるのだそうです。

リノベーションの工事に住民たちが手伝いに来てくれて、壁塗りを手伝ったり、アップルパイを差し入れたり。部屋の見学もオーケーですよ、という人もいます。わたしも一度、ロイヤルアネックスに取材にうかがいましたが、青木さんが「住人には了解済みです」と言って日中不在の人の家の中を見せてくれました。びっくりですね。どの家もとても素敵な間取りと品のいいインテリアに囲まれていて、うらやましいほどに住みやすそうでした。

中には青木さんがいないときに、見学のお客さんを案内までしてくれて「青木さん、申込書もらっておきましょうか」と連絡してきてくれる入居者や、「自分たちが出て行くときには、次に住む人を自分たちで見つけたい」と要望を言ってくる人まで。

ロイヤルアネックスに入居した人たちは、こぞって「このマンションは安心できる」という感想を伝えてくれるそうです。青木さんは「ぼくという共通のフィルターを通して、他の住民とつながりがあるという安心感なんでしょうね。一緒に手間暇かけてでも、いい空間をつくりたいという人たちが集まっていて、みんな感度が高くて人間性も非常にいいんです」と話しました。

屋上には共有スペースがあり、バーベキューなどができる台所の設備も用意されています。菜園もあり、野菜を育てている人もいて、いつもなにかの野菜が繁っているそうです。どれも特にだれかが管理しているわけではなく、自然とみんなできれいにつかい、みんなで交代で野菜の世話や水やりをしているだけ。さらには、懐かしい「回覧板」のように「水やり当番表」がまわってくるとか。

ついには屋上の共有スペースで、結婚式を開いた住人も現れました。青木さんはこう言います。

「賃貸マンションが単なる仮住まいや寝床じゃなく、人生の舞台になった瞬間をそのとき感じました。賃貸住宅って、自分のライフステージが変わるたびに着せ替えるような感覚だったのに、ステージが変わってもみんな残ってくれるんだなと思ったんです」

そして結婚ラッシュのあとには、なんと出産ラッシュがやってきたそうです。カスタマイズ賃貸をはじめて三年目の二〇一四年には、一年間で八人の子どもがロイヤルアネックスで生まれたというのです。

住人たちがおたがいの家を行き来し、マンション全体がひとつのコミュニティとなっていった結果、大きな安心感が生まれたということなのでしょう。青木さんは「大家ということばが、まさに『大きな家族』みたいになっていった感じですね」と言います。

大家さんというと単にアパートやマンションの経営者で、入居者から見ると単に家賃を支払う相手として、あとはときどき家のメンテナンスをしてもらうぐらいの関係でしかありませんでした。でもこれからは、暮らしの舞台をつくり、その舞台をうまく動かしていくというような、そういう仕事になっていくのかもしれません。

子どもがたくさんロイヤルアネックスで生まれ、青木さんはさらに動きました。子どもが増えたから幼児教室があったほうがいい！　とつくり、そして幼児教室ができたら、そこに子どもを預けているあいだにお母さんたちがちょっとはたらける場所があれば！　と、なんと「都電テーブル」という食堂もつくってしまったのです。単なる大家さんではなく、もはや「村長さん」みたいな仕事です。

ロイヤルアネックスは池袋と大塚のあいだぐらい、ごく普通の街の中にたたずんでいます。住人たちは、もともとこの街に住んでいた人ではない。この街に興味があったわけでもなく、ただ「ロイヤルアネックスというカスタマイズしてくれる楽しそうな賃貸に住んでみたい」と外部からやって来た人たちなのですが、住んでいるうちに自分の家が好きになり、そしてまわりの住人たちが好きになり、そして街も好きになっていく。そうすると彼らは街にあるさまざまなお店を支えるようになり、地元の人たちとも仲良くなるようになる。他のマンションの大家さんもその様子を見て同じようなこころみをするようになって、そうするとますます新しい暮らしに興味のある人たちが集まっていき、そうして街全体が活性化していく。そうやって共同体が、だんだんと大きく広がっていくということが、この東池袋の一帯で生まれてきているのです。

「横へ」とつながる共同体――「サイハテ」

住まいは、ふたたび共同体になろうとしている。

古代ギリシャのアンドロンのように、もともと「住むこと」は「共同体に属すること」と不可分でした。近代にはいってからでも、たとえば高度経済成長のころに「公団の団地」と呼ばれた賃貸住宅。いまはUR都市再生機構という名前になっている日本住宅公団が建てた団地は、ひとつの階を横につらぬく廊下がなく、そのかわりに各階二戸の世帯だけがつかえる階段で上下のフロアをつないでいました。つまりこの階段は、たとえば三階建ての団地だったら、縦にならんでいる六世帯だけがつかうことになり、この六世帯の人たちは朝晩しょっちゅう顔を合わせることになる。そしてこのタイプは当時、「縦長屋」と呼ばれていたんですね。長屋、つまり江戸時代ぐらいまで一般的だった集合住宅のコミュニティを、鉄筋コンクリートの団地に再現するこころみだったということなのです。

一九七〇年代には、「都市を離れ、自然に還ろう」と田舎にあらたなコミュニティをつくろうというヒッピーコミューンのようなとりくみも世界的に広がりました。

この当時のヒッピーコミューンは自給自足を目指し、そしてインターネットも携帯電話もない時代ですから、いったんコミューンでの生活をはじめてしまうと、外部とのやりとりもあまりなかったようです。閉鎖的になり、人間関係は固定してしまう。それで行き詰まり、消滅していったコミューンも多かったと言います。開かれていなかったのです。

これまで本書で書いてきたように、第二次世界大戦後のカウンターカルチャーは、反大衆消費社会がクールであるという反逆クールのエリート意識をはらんでいて、「大衆から逃れたい」「都会から自然へ」という「**外へ、外へ**」のマインドを持っていたのです。だから彼らは都市から逃れ、都市のアウトサイダーとして自然の中にヒッピーコミューンをつくった。しかしそうした「**外へ、外へ**」というマインドは結局は反権力、反体制でしかなく、どのように自分たちがインサイダーとして社会を担い、社会をつくっていくのかという発想に乏しかったのです。それが退潮をまねいた原因のひとつだったといえるでしょう。

そうした反省から、あらたな開かれたコミューンをつくろうという動きも現れてきています。そうした新しいコミューンは、「**外へ、外へ**」という反逆と逃走ではなく、「**横へ、横へ**」と開かれつながる方向を目指しています。

九州は熊本、不知火海《しらぬい》をみおろす山の上に、一万坪も広がっているみかんの果樹林。そのこんもりとした緑に包まれるように、尾根沿いに十数軒の家が並んでいます。ここは「三角エコビレッジ・サイハテ」という小さなヒッピー的共同体です。

このサイハテをつくろうと呼びかけたのは、シンクというわたしの友人。ほとんど廃車になりかけて、ガラガラ異音を立てているオンボロ小型車で案内してくれながら、彼は言います。

「この土地はほんとうに豊かで、古代から魚でも野菜でも食べ物がふんだんにある。このへんで食料を採集することを何て言うか知ってる?」

「なんて言うの?」

「『拾う』って言うんだ(笑)」

有機的な内外の連携

サイハテのある場所は、障害児を持つ親御さんたちが共同で開いた授産施設でした。みかんやデコポンなどの畑からみんなで収穫し、それを出荷するための作業所を中心に、各家庭がそれぞれ家を建てたのですね。利用していた家族が高齢になったのをきっかけに施設が丸ごと売りに出され、それをひょんなことからシンクたちが手に入れたのです。

シンクの本名は工藤真工。仕事は映像や漫画、デザインなどを手がけているクリエイターです。

お父さんは著名な原子力の研究者です。でもシンク本人は徹底的な自由人で、三重に行ってとつぜんカフェを開いてみたり、東京の有名なアニメ制作会社ではたらいていたり、さらには「資本主義崩壊」をコンセプトにしたという謎の会社を自分で設立したりと、気ままに生きてきました。

「新しいことをやるのは楽しいけど、それがルーティンになったとたんに面白くなくなっちゃって、飽きちゃうんだよね」

というのが彼の言い分です。「BENTEN」と名づけた資本主義崩壊の会社では、著作権をいっさい放棄した音楽のレーベルとか、演奏メンバーや曲目を事前にいっさい決めず、その場で即興で演奏する音楽バンドとか、そういう既存の概念を完全に無視したこころみをたくさんおこなったそうです。

飽きると今度は奥さんの実家のある富山の氷見に移住して、畑などをしつつ新しいタイプの田舎暮らしに挑戦していました。そんな中で、熊本の土地が売りに出ていることを知るのです。土地の金額は一千万円。

ＢＥＮＴＥＮの活動からコミュニティづくりをビジョンしていたシンクは「この土地にエコビレッジをつくろう」と決意し、ツイッターやフェイスブックでも発信します。そうしていると、なんと驚くべきことにお金を出して一緒にエコビレッジづくりをしてくれる同志が現れたのです。

「ちょうど親から相続した財産がある。僕もそこに住みたいので、お金を出すよ」

とんとん拍子に話は進み、移住者を募って、二〇一一年十一月十一日に十人でサイハテはスタートしました。

わたしが二〇一四年にサイハテを訪れたとき、秋晴れの空の下で心地良い風がみかんの葉を揺らしていました。その日は運悪く、住人たちの多くが地域の音楽フェスに出かけてしまっていて、敷地はがらんと静かでした。

サイハテはいつも音楽にあふれていて、自前のフェスも敷地で開いており、機器も所有していて、ノウハウも蓄積しています。だから近隣でフェスがあると、運営の協力をお願いされることも多いのだそうです。

わたしがちょうど到着したときは、小堺康司さんと数人の仲間が合板をつかって小さな家を組み立てている最中でした。軽トラックでも運べるようなモバイルハウスのこころみだといいます。

小堺さんはサイハテの住人で、陶芸や家のデザイン、内外装工事、アートワークなどさまざまな仕事を手がけている人です。

サイハテには小堺さんのつくったアースバッグハウスが建っています。

アースバッグハウスというのは、細長いチューブのような土のうに土や砂を詰め、これをとぐろのようにして積み上げて家の形にしていくという建築方法です。最後にしっくいで固めると、なんともかわいらしい感じの丸みを帯びた建物になるのです。

小堺さんはアースバッグのスキルを独学で学び、その能力を買われてサイハテの外でもたくさんのアースバッグハウスを手がけています。

大工さんや家具職人、ミュージシャン、デザイナーなどさまざまな職種の人たちがサイハテにはいます。最高齢は、サイハテのウェブサイトを見て「住みたい」と言ってきた六十歳代の大工さん。奥さんは地元に残し、サイハテの小さな家にひとり入居しています。

小堺さんのように、サイハテの中だけで完結して暮らすのではなく、外部とつねに行き来するのが住人たちのやりかたのようです。音楽フェスの運営もそうですが、自分たちの持っているノウハウを外に提供してお金を儲け、サイハテの中では自分たちのやりたいことをこころみ、自己実現する。そのように外部と内部がつねに交流しているしくみなのです。

内部だけで完結させない。

つねに外部とのやりとりがあって、それが持続を維持する。

そういう有機的な内外の連携がとても大切なようです。

機能とニーズを循環させるパーマカルチャー

わたしがサイハテを訪れたとき、つくりかけの不思議な畑がありました。まんなかに鶏小屋があって、そこから花びらのような放射状の網が畑に向かって広がり、その網のまわりに野菜が植えられているのです。「これは何?」とシンクに聞くと、「チコがつくってる畑」という返事。

チコは本名を杉山知己さんと言い、サイハテのパーマカルチャーデザイナーです。鶏小屋のにわとりは、花びら型の網の中を自由に移動でき、野菜くずなどのえさを食べることができます。えさを食べてにわとりは糞をし、これが野菜の肥料にもなるという仕掛けになっていました。

このように環境を設計することによって、家や道路や鶏小屋や畑といったさまざまな要素がたがいに助け合うような関係をつくるのが、パーマカルチャーなのです。そしてその関係を設計するのが、パーマカルチャーデザインという仕事です。人間がいちいち細かく手を入れたり動かしたりしなくても、自律的に動いていってくれるような状態をつくるということなんですね。

『パーマカルチャー　農的暮らしの永久デザイン』(ビル・モリソン、農文協)という本には、こう説明されています。

貯水池や水タンクは家や畑よりも高いところに置き、ポンプを使わなくても重力で水を誘導できるようにする。家の風除けは、風は遮るが冬の日差しは妨げないような位置に設ける。畑は家とニワトリ小屋の中間に置き、ニワトリ小屋へ行く途中で畑の野菜クズを集めやすいように、また鶏糞をかき集めて畑に施すのも容易なようにする。

パーマカルチャーデザインでは、にわとりや建物、野菜などの機能を分解して考えるということをします。たとえばにわとりなら、「肉」「たまご」「羽」「羽ぼうき」「鶏糞」「呼吸で出す炭酸ガス」「音」「熱」「メタンガス」という機能があります。これらの機能を、他の要素がどう採り入れるかを考えていけばいいのです。

住宅は、食物や燃料、暖房、湯、電灯などが必要です。にわとりは食物、羽毛布団による暖房、鶏糞のメタンガスを供給することができますね。

果樹園は、果物を提供してくれて、かわりに除草と害虫防除と肥料が必要です。にわとりをときどき果樹園に入れれば、昆虫を食べてくれるので害虫防除になります。土をひっかいて除草のような役割も果たしてくれます。

このように、それぞれの機能とニーズから、それぞれの関係をどうつくっていくかを考えるわけです。

チコは静岡の農家の生まれ。十六歳でひとり東京に出てきて高校に進みましたが、すぐに中退し、その後はアルバイトをしながらバックパッカーとして世界をまわり、その途中でパーマカルチャーという世界に触れる機会がありました。さまざまな分野の知識を必要として、それらを組み合わせて設計していくという面白さを知って、以来ずっとパーマカルチャーデザインに取り組んでいるといいます。

「パーマカルチャーは農業とか建物だけの話じゃなくて、人間関係から経済まで何でも含んでくる大きな概念なんです。だからパーマカルチャーデザインコースでも、まず『人間とは何ぞや』というところから勉強がはじまるんですよ」

とチコ。

パーマカルチャーで大切なのは、外部と内部がうまく連携していくことです。だからサイハテのような新しいコミューンは、「**外へ、外へ**」という反逆と逃走ではなく、「**横へ、横へ**」と開かれつながる方向を目指している。

だからサイハテの彼らは、自給自足ではない。農園の共同体というと、どうしても人々は自給自足をイメージしてしまいます。農業で自給自足するのが「エコ」だよね、近所のスーパーで魚や野菜を買ってくるなんてのはダメだ、というような典型的な反逆クールです。内部を拒否して、外部に出てすべて自分たちでつくるのです。

しかしサイハテは、内部と外部を自由に行き来しながら、交換するようなモデルを考えています。チコは言います。

「持続することがいちばん重要なので、自給自足である必然性はないんです。外部の農業地域も含めて、全体で自律的なエコシステムがつくられればいい。それはかならずしもお金を出して近所の農家から野菜を買ってくるということじゃなくて、自分たちの提供できるものをまわりの地域に提供し、そのお代として野菜をもらうような形でもかまわない。自給自足にこだわるあまり、強制労働のような農作業をコミュニティのメンバーにやらせてるんじゃ、それは自律した持続性があるとはいえないんじゃないでしょうか」

シンクもこう言っています。

「オレらはストイックに自給自足なんか目指さない。米や野菜も作っているし結果的に自給率がアップしていくのは素晴らしいけど、米と野菜だけでは生活は楽しくないよ。やっぱり娯楽もほしいし、パーティーとかも出たいし、旅行とかも行きたいじゃない。その時に自給自足してるからっていろいろ我慢しなければならないのはおかしいし、そもそも自給自足ということは自他を分ける意識じゃない？　だったら、オレらはいろんなスキルを持ってる、そのスキルを外に向かって提供すればいいんじゃないかってのが、オレの考えかた。まわりの村はおじいさんおばあさんだらけで、野菜の収穫の手がほしい、田植えに手がほしいって言われる。だったら手伝いに行って、その代わりに野菜もらってくればいい。おじいさんおばあさんがどっかスーパーに買いに行きたい、そしたらクルマ出してあげて、帰りに手間賃をもらう。そういうふうに交換すればいいんだよ」

開かれたコミュニティ

日本でも世界でも、さまざまな土地で素晴らしい食材や食べ物がつくられている。日本酒はやっぱり冬の寒さがキーンとするぐらいの土地のものが旨い。赤道のあたりの熱帯にいけば、飛びきり美味しい珈琲がある。そういう土地の数々と、交流し、交換しながら生活していく。そういうことがグローバリゼーションによっていま現実に可能になってきているし、そういう交換関係を実践する人たちが増えてきているのです。

そして同時にこのような「外とのオープンな関係」というのは、人間関係をどう持続させるかということについても重要なポイントです。チコの話。

「設立から三十年も経ったコミューンに行ってみたことがあるけど、限界集落と同じ世代交代の問題が出てきてた。そこで育った二世は、かならず都会に出たくなるんですよ。『ここはいいところだけど、もっと広い世界も見てみたい』って。そうすると若い人が流出していって、共同体が成り立たなくなってしまう。だから共同体には更新と代謝がとても重要で、流入してくる移民がいないとダメなんです」

サイハテは住人たちが外部を利用してビジネスをしているのと同時に、外部からの移民をつねに受け入れる準備をしています。ビジターが宿泊できるドミトリーやゲストハウスも用意されていて、短期滞在したり、あるいはもう少し長く暮らしてみて様子を見たりして、いろんな人たちが参加することができるようになっているのです。だからここでは、スタートした当初からの住人や、途中から参加してきた住人、最近やって来た人、ビジターとさまざまな人たちが渾然と暮らしています。

きびしい自給自足と閉鎖的な人間関係で自己完結するのではなく、外部を利用し、外部と交わることで生まれる心地よさ。これこそが実は、前章でさんざん述べてきた「ゆるゆる」の本質なのだとわたしは考えています。つまり「ゆるゆる」は企業が顧客に提供する過剰なサービスなのではなく、企業も人々も同じ対等な立場で、相互作用によって連携していく。そういう開かれたネットワーク的な関係を実感し、ともに育てていくことこそが、「ゆるゆる」ということなのです。この結論を、わたしはサイハテのネットワーク観から学ぶことができました。

外部に閉じたコミュニティは、孤立していて一匹狼的でクールかもしれないけれど、持続性はない。

開かれたコミュニティこそが、反逆クールの陥穽から脱して、外部とのネットワークをつくりあげることで持続可能なライフスタイルを実現することができるのです。

シンクとチコの話をずっと聞いていたら、だいぶいっぱいいっぱいになってきました。ちょっと休憩して、お昼ご飯でもつくりましょうか。今日はカレーライスにしてみます。

日本式のカレーのつくりかたは千差万別で、人によっては野菜ジュースを入れたり、隠し味にチョコレートやにんにくを入れたりと、さまざまな創意工夫の余地のある料理です。市販のカレールーに書かれてるレシピの通りが実はいちばん美味しいという説もありますが、わたしの提案は、「軽い食感のカレー」。カレールーって小麦粉がたっぷり入っているので、箱のレシピ通りにつくると少し重くてお腹が張ってしまう感じがあります。それを避ける方法として、ルーはスパイス程度につかいましょうという提案です。

◎さらっとカレー

まずにんにくとしょうが、玉ねぎをすべてみじん切りにして、弱火で炒めます。お好みの肉と野菜を加え、さらになまのトマトのざく切りか、トマト缶を投じて、トマトのかたちが崩れるまで煮込みます。ここに塩を振るだけでも、トマトの煮込み料理としてじゅうぶん美味しいのですが、今日はカレーです。塩は加えずに、カレールーを足しましょう。いつもつかう量の三分の一ぐらい。二皿分だと、ひと箱の四分の一ぐらいで十分です。水は入れません。トマトの水気でルーが溶けこんだらできあがり。

ご飯をインディカ米にすると、さらに軽く食べられるようになります。インディカ米はたっぷりのお湯で茹で、箸でつまんでやわらかくなったのが確認できたら、ざるに空けてお湯を切ります。おひつかボウルに移し、蓋をしてしばらく蒸らしておくといいでしょう。

さて、わたしはサイハテで過ごしているうちに、もうひとつ別の疑問にぶつかりました。

「さまざまな人といっても、ここに住んでいるのはデザイナーや大工さんといったクリエイティブな仕事をしている人たちばかり。これってやっぱりある種のエリートの集団なのでは？　クリエイターじゃない人にはハードルが高いのでは？」

だとすればパーマカルチャーって、それも結局は強者の論理なのではないだろうか、とわたしは感じました。それでチコにこう聞いてみたのです。

「手仕事が何もできないような、元サラリーマンがサイハテに住みたいって言ってきたらどうするの？」

彼は明快にこう答えました。

「サイハテでは『何かをしてください』と指示するわけじゃないし、自分がやりたいことをやるんです。『何ができるか』じゃなくて『何がしたいか』です。農業したければ農業をすればいいいし、建築をしたければそっちを手伝えばいい。サイハテには建築も大工もデザインもいろんな仕事があるので、入り口はたくさんあるんです。サラリーマンをしてきて『できることがないんです』という人もいますが、そんなわけはないと思います。仕事の中で積み上げてきたものもあるし、経験もあるでしょう。営業やってた人だったら、外部の仕事をサイハテのためにとってくる営業だってできるじゃないですか」

そして彼はこう付け加えました。

「サイハテに来てから、ゼロからいろんなことを試すってのもあると思うんですよね。昔の農家の人は『百姓』って呼ばれてたけど、あれは百の仕事っていう意味だと聞きました。昔は専門性だけで食っていける人なんてほとんどいなくて、たいていは日常的にいろんな仕事をして、その仕事からの収入の集大成で食べていたと思うんですよ。だからこれからも、ひとつのことができる人じゃなくて、いろんなことができる人、って方向に変わっていくんじゃないでしょうか」

自給自足の強制労働に陥るのじゃなく、ひとりひとりができることをする。そうすれば「こうやれ」「ああやれ」というお仕着せではなく、みんな自分なりのやりかたで農園の仕事を考えるようになる。

「そういう経験を積めば、別のコミュニティに移住してもうまくいくと思うんです。農業指導者に言われて雑草取りとか種まきとか単純労働しているだけだと、農業の知見は永久に身につかないんですよ」

チコはそう明快に語りました。

「お好きにどうぞ」の哲学

自分に何ができるのか。自分がどういう立ち位置なのか。そういうことへのリアルな認識が大切なのでしょう。それは「自分はこれしかできない」という否定的な自己認識ではなく、「自分にはこんなことができるじゃないか」という肯定的な自己認識としてとらえられていくべきで、その「できること」が増えて自分の中の多様性が増していけば、その先に「何があっても自分は生きていける」という力強さにつながっていくのではないかと思います。

サイハテはそのように運営されている、まるで生き物のような有機的な共同体で、だからルールもありません。

シンクに聞いてみると、サイハテの唯一のルールは、

「お好きにどうぞ」

だそうです。つまりはルールが何もないのが唯一のルールということなんですね。建物を修繕するなどの費用は発生するので、共同体を維持するためにサイハテ基金がつくられていて、住人は毎月一万円を入金することができますが、これは義務ではなく、払いたい人だけが払う。お金のやりとりはほとんどない。小堺さんのアー

スバッグハウスもみんなから資金を集めたのではなく、自己資金に加え、ワークショップという形で外からのお金と労力を集めて建てたそうです。

シンクは言います。

「ルールをつくると、ルールに縛られて苦しくなる。ルールがなければ、みんなが自律的に動く」

チコがもう少しわかりやすく説明してくれました。

「こういうコミュニティでは最初に住人が集まった段階でなにかの理念をもとにルールをつくることが多いと思うんですが、その理念にはまだ実体が存在しないですよね。そうするとその理念をもとにしたルールは、実体を抜きにした架空のルールになっちゃってることが多い。それだと実際に生活が始まったときに、実体と乖離していっちゃうことが多いんですよ。おまけに日本人は、はっきりものを言うのが不得意です。欧米人は自分の言いたいことをはっきり伝えるから、その議論を決着させるためにルールが必要なのだと思いますが、日本人は主張をせずに、黙って察してしまう。そうするとルールに不満があったとしても、口にしない。そうやって口にしないでいると、だんだんとフラストレーションが溜まって、ささいなことで揉めるようになってしまう。意見の調整に慣れていないから、勝手に溜め込んでそうなっちゃうんです」

ささいなことっていうのは、たとえば「台所の流しで洗った皿を自然乾燥するかどうか」というようなこと。自然乾燥派もいれば、ふきんで拭き取りたい派もいて、さらに「そんなのどっちでもいいじゃん」派もいる。これだけで三つの意見の対立があるわけですが、でもあまりにもささいなことなので、他の人のやりかたに不満でも、みんな口に出さない。それが結果的に、フラストレーションにつながっていくというんですね。だからなるべくゆるやかに、厳密なルールはつくらず、その場その場で意見を聞きながら進めていくというやりかたが日本人には向いている。

ただこのやりかたが成立するためには、全員がつねにコミュニティに「参加」している感覚を保てるようにしなければなりません。たとえば自分が不在の時に、コミュニティに関わる話が勝手に進んでいたりすると「疎外されている」と住人は感じてしまいます。そうではなくつねに自分がコミットしている、できているという状況を持続させることが必要なのだといいます。

そのうえで「お好きにどうぞ」の哲学で自分の好きなようにやっていく。まわりも好きなようにする。おたがいが寄りかからない。そして外部との出入りを積極的におこなっていく。そのような開かれたコミュニティが必要なんだ、というのがチコの教えてくれたことでした。

暮らしや人間関係にも「可用性」が必要

外に開かれたコミュニティは、「可用性《かようせい》」を持っています。可用性というのは耳慣れないことばですが、英語の「アベイラビリティ（いつでも得られること）」の和訳で、コンピューター業界でつかわれている用語。あるコンピューターのシステムがあって、部分的に故障は多いけれども、それらを最小限にするしくみが組み込まれていたり、他の部分で代用できるようになっていれば、「可用性の高いシステム」といえます。逆に完ぺきを期して精密なシステムを組み上げたとしても、一部に障害が起きただけで全体がストップしてしまうようなことが起きれば「可用性が低い」ということになるのです。

インターネットという世界的なネットワークはもともと軍事用に開発されたもので、一部が切断されても通信が迂回しておこなわれるように設計されています。だからインターネットはとても可用性が高いのです。

この可用性の概念は、わたしたちの暮らしにも当てはまります。シンクはサイハテのキャッチフレーズとして、こんなことを言っています。

「電気・ガス・水道・政治・経済がストップしても笑っていられる」

一見すると、テクノロジーや既存の政治を拒否したアンチであるだけの「反逆クール」のように感じますが、実はそうではありません。ひとつがストップしてしまっても、他のもので代用できるようであれば、暮らしは成立するのだ、シンクはそう言っているのです。

中央集権的な暮らしは、中央が壊れてしまうと暮らしが機能しなくなる。だから可用性は低い。

分散された暮らしは、どこが壊れても全体はダウンしません。加えて重要なポイントは、わたしたちの社会における可用性は、開かれた関係性であることが大切だということ。つまり閉じた世界の中での同調圧力の高い関係は、一九七〇年代のヒッピーコミューンを見てもわかるとおり、容易につぶれてしまう。関係につねに風穴を開けて、外部とつながっていることで、可用性は高くなり持続することができるのです。

つまり外部に開かれたネットワークによって構築される「ゆるゆる」は、とても強靭なものなのです。そうかんたんには壊れない。

これは一見してとても閉じた関係にみえる、男女二人の人間関係「夫婦」のあいだにも、当てはまります。

わたしは、夫婦について雑誌やウェブメディアのインタビューを受けることがあります。こういうことをよく聞かれます。

「どのぐらい愛し合ってますか」

「おたがいに好きなところはどこですか」

「喧嘩をすることはなさそうですよね」

ときには「理想の夫婦ですよね」「完ぺきなカップルですよね」とお世辞を言われることもあります。しかしこういうとらえかたは、非常に良くないと個人的には思っています。なぜなら「夫婦とは愛し合うものである」「結婚してからもずっと恋愛関係が持続している夫婦が理想的である」「二人だけの完ぺきな世界をつくっている」という固定観念から出発してしまっているからです。そういうことを実行していそうな夫婦を見つけ、「理想的な関係」という記事をつくり、発信する。それによって、「夫婦は愛し合わなければならない」「夫婦二人だけの世界をつくりあげなければならない」という固定観念がさらに増幅されて広がっていく。そういうことが日本社会でこの何十年も続いていて、それが夫婦関係に対する抑圧になっているのではないかと思うのです。

破綻のない結婚生活のヒント

『安井かずみがいた時代』（島﨑今日子、集英社）という評伝があります。安井かずみさんは昭和のころに一世を風靡した作詞家で、「危険なふたり」「わたしの城下町」「よろしく哀愁」など膨大な数のヒット曲を書いています。

一九六〇年代からニューヨークやヨーロッパを遊んでまわり、伝説的なマンション、川口アパートメントに住まいを構えて、加賀まりこさんやコシノジュンコさんと交流し、自由気ままな生活をしていました。当時としては唯一無比のイタリアンレストランだった飯倉片町の「キャンティ」の常連だったことでも有名です。

ここは昔、一般人は店に入るのもはばかられるほどのセレブ御用達レストランでした。「キャンティ」はいまもあって、しみじみと美味しい料理を提供してくれるのでわたしは好きですが、セレブ的な雰囲気は時代とともに過ぎ去って、ゆっくり食事をできるのどかな老舗になっています。

安井かずみさんは、「どこまでも自由で、あくまで奔放で、危なく、アンニュイな魅力に溢れた女だった」。一九七七年に、八歳年下のミュージシャン加藤和彦さんと再婚しました。二人は「日本一カッコいいカップル」と呼ばれ、夕食はかならず着替えをして夫婦でテーブルを囲み、年に二回は長い休暇を海外ですごして、憧れの的になりました。彼女の好みも変わって、リビングに置いていた素敵な白木のテーブルは、ココ・シャネルの家に置かれているような派手なテーブルに変わり、身にまとうコートも高級ブランドのエルメスになったといいます。そして以前からの親友たちとはだんだんと疎遠になり、夫を中心に人生がまわっていくようになります。夫婦だけの閉じた関係へと落ち込んでいったのです。その関係は、加藤さんの不倫をきっかけに均衡を崩しはじめます。

『安井かずみがいた時代』はこう記述しています。

愛して欲しいと願った瞬間、人は自由を手放すのである。ただ一人の男が他の女に気持ちを移した瞬間に、二人のパワー・バランスは完全に逆転し、あの自由奔放な人でさえ自我を折り、夫の顔色をうかがいはじめて萎縮していったのだ。

彼女の本の多くを担当し、私生活もよく知っていた編集者、矢島祥子さんは同書の中でこう語っています。

「完璧な夫婦を演じるのは、大変だったでしょう。安井さんに加藤さんと別れるという選択肢があれば、もっと違う人生があったのではと思います。でも、きっと無理だったんですよね」

加藤和彦さんは、妻が病没した一年後に再婚し、これは当時周囲からひんしゅくを買ったそうです。当時の時代背景もあるとは思いますが、一年後に再婚することは別に責められることではありません。しかしそれが責められたということ自体が、加藤夫婦が理想的な夫婦として祭り上げられていたことを逆説的に表しているように思えます。加藤さん本人も実はつらかったのかもしれません。

夫婦と恋愛は違います。恋愛がスタート地点になって夫婦になることはいまは一般的なので、夫婦イコール恋愛ととらえている人が多いのですが、以前は見合い結婚が当たり前でした。もっと古い時代の欧州貴族階級や日本の武士階級では、政略結婚が一般的でした。しかし近代のロマン主義が「大恋愛し、最後に結婚して成就する」というような恋愛賛美を語り、そうした恋愛小説が量産されるようになって、幻想的な「理想の夫婦」が固定化されていったのです。これは十八世紀末のヨーロッパという時代の中で、人間の自由を賛美するという意味を持ちましたが、しかし現代においては一方で抑圧をもたらしているのは間違いありません。

恋愛感情はいつまでも続くものではない。初期の情熱が冷めたあとに、どうやって夫婦関係を維持していくのかというのは、けっこう厄介な課題です。それに抵抗して「結婚したら四六時中一緒にいなければならない。趣味も好きなものも同じがいい」という理想を追い続けると、結婚生活は牢獄になり、破綻してしまうでしょう。

長く続く夫婦の関係を維持するためには、依存しすぎないことが重要だとわたしは考えています。日本人はとかく「距離が近いと仲がいい。距離を取ると冷たい」

という思い込みが強すぎるのですが、夫婦が共依存になってしまうと、隷従関係に陥りやすい。それは家庭内暴力の幾多の事例からでも明らかです。依存からは相手を個人として尊敬しようとする気持ちは生まれません。適切な距離感を保ちながら、おたがいを自立した人間であると認めることが、「破綻しない結婚生活」を続けていくために必要なことではないでしょうか。

つまり、相手は自分の所有物ではなく、自分の知らないオープンな人間関係を外に広げている存在なのだと認めるところからスタートすべきなのです。夫婦も「ゆるゆる」である必要があるのです。それによって夫婦の関係も、新鮮な空気でつねに換気され、持続していくことができます。

共感を大切にする「つながり婚」の時代

こういう変化は、結婚式のありかたからも見て取れます。結婚情報誌「ゼクシィ」の元編集長、伊藤綾さんは「いまの結婚式は『つながり婚』です」と話されています。新郎新婦の両親だけでなく、おじいちゃんやおばあちゃん、親戚のおばちゃんおじちゃんまで参加して、みんなで腕を組み、抱き合って、家族のつながりを確認する。家族だけではなく、式場に来てくれた友人や仲間たちとのつながりを確認しあう。主役は新郎新婦の二人じゃなくて、そこに参加した全員が主役なのだといいます。

結婚式が昔のように家の中でなく、ホテルや結婚式場でおこなわれるようになったのは、一九七〇年代になってからです。テレビが普及し、芸能人の結婚式がテレビ中継されて、ウェディングドレスを着た洋風の結婚式に憧れを持つ人が増えてきたからだとされています。

一九八〇年代にはバブルの空気もあって、大がかりな芸能人結婚式がますますテレビ中継されるようになりました。一九八五年、松田聖子さんと神田正輝さんの目黒・サレジオ教会での結婚式は、十時間にわたってテレビで生中継され、平均視聴率は三四・九パーセントにも達しました。その二年後、松田聖子さんとの関係が破局した郷ひろみさんと二谷友里恵の結婚式は、なんと視聴率四七・六パーセントを記録したとか。いまでは信じられない数字です。バブル最高潮の一九八九年には、五木ひろしさんと和由布子さんの「5億円結婚式」が話題になりました。このとき披露されたウェディングケーキの高さは十一メートルで、日本史上最高だったと言われています。

芸能人結婚式に触発され、普通の人たちの結婚式も変わりました。スモークが吹き上がってゴンドラに乗って新郎新婦が会場に降りてきたり、真っ白な馬車で軽井沢の高原教会に乗り付けたりと、なんとも大げさな演出が大流行したのです。

九〇年代に不況に陥っていくと、結婚式は落ち着き、「地味婚」と呼ばれるようになりました。その象徴は一九九七年、安室奈美恵さんとダンサーＳＡＭさんの結婚でした。記者会見では黒いシックなタートルネックに指輪のみという装いで、結婚式はおこなわなかったのです。

ホテルや結婚式場よりもコンパクトかつ安価に、レストランでシンプルな結婚式を開くようになったのもこのころからです。

二〇一〇年代に入ると、ゲストハウス式も増えています。広い庭のある邸宅風の結婚式場で、緑がふんだんにあり、窓も大きく、外光がほどよく採り入れられた明るい場所でおだやかな結婚式をおこなう。これがいまの結婚の空気ということなのでしょう。

一方で未婚率は高まっています。結婚しない、できない人が増えていて、結婚するということ自体が奇跡であるというような受けとめられかたをするようになってきている。

しかも将来の不安は結婚しても変わりません。だから結婚は「家族として、これから苦難の時代を共に生きていくためのスタート地点」という意味に変わったのだと、伊藤さんは話しています。いまの世の中いろんなことがあるけれど、新郎新婦がゲストに向けて「みんながんばろうよ。僕たちわたしたちもがんばるよ」と宣言し、そこに共感が生まれる空間になったのです。夫婦だけの関係ではなく、「一緒にここにいるみんなが大好きだ」という感覚をともにするようになったのです。

「二人だけ」から「仲間たちと一緒に」への変化といえるでしょう。開かれた関係の大切さが、結婚式のありようにも反映されてきているのです。

衣も食も住も、ゆるやかにつながる関係

前に紹介したシェアハウスのイベントで、ひととおりトークが終わって質疑応答の時間になり、ひとりの青年が手を挙げてこんな質問をしました。

「僕はいままでシェアハウスに住んでいたのですが、片付けができない性格なので、

どうしても他の住人に掃除を頼ってしまっていました。これではだめだと思い、自立したくて一人暮らしをはじめました。ところが、逆に一人暮らしだと片付けなくても怒る人がいないので、余計にだめになっている気がします。どうすればいいんでしょうか」

青年といくつかことばをやりとりしてみると、明るい性格でムードメイカー的な人なんだということはよくわかりました。だからわたしは、こうアドバイスしました。

「ひとりでなんでもできることだけが自立じゃないと思います。社会の中で、自分の立場を自覚して役割を果たしていることも立派な自立なのです。自分にだめなところがあったら、そこは他の人に補完してもらい、代わりに別の部分で貢献すればいい。ムードメイカー的にシェアハウスを盛り上げることができていたのなら、それも立派な貢献だと思いますよ」

開かれたネットワークでは、自分だけですべてが完結する必要はない。ひとりぼっちの自給自足的な人生ではなく、つねにネットワークに位置づけられ、ゆるゆるとした「関係の中の人生」を持つのだということ。

戦後を振りかえると、そうした関係性のありかたはここに至るまでに大きく変わってきました。カウンターカルチャーでは、たがいにつながることよりも、反逆し、アウトサイドへと逃げることのほうがクールだと考えられてきました。「**外へ、外へ**」。そういう願望が多くの人々のこころをくすぐったのです。それはマスカルチャーの「お金持ちになりたい」「成功したい」という「**上へ、上へ**」という願望とセットとなって、われわれの戦後社会を構成してきたといえるでしょう。中央に向かう中央集権的な引力と、外部に向かう反逆クール的な引力があって、社会はそこにとどまっていたのです。

しかし近代が終わったいまとなっては、「**上へ、上へ**」はほとんど実現不可能な幻想のアメリカンドリームになってきている。もはや可用性は低いのです。「内部の堅固さ」が崩壊していけば、「**外へ、外へ**」の有効性も失われていきます。

つまりは「**上へ、上へ**」という中央集権志向と、「**外へ、外へ**」という反逆クール志向は、一見して真逆の方向に見えながら、実は戦後社会という安定的なシステムに基づいていた表裏一体の存在だったといえるでしょう。

しかし、これらはいずれももう有効ではありません。

新しい二十一世紀の時代状況の中で、新しいネットワークの重要性が増し、いってみれば「**横へ、横へ**」と網の目のように人間関係を広げていく方向性が求められているのだと思います。これが新しい住まい、新しい共同体、新しい都市の姿のビジョンです。

これからの街や家には、ふたたび共同体感覚が戻ってくる。家というものが拡張し、街へとつながっていく。そしてそこに、内と外を隔てないオープンな共同体が立ち上がってこようとしている。わたしたちの社会は、そういうとば口に立っているのかもしれません。

わたしたち自身は、所有するモノを減らし、快適な動きやすいファッションを身にまとって、身軽に移動しながら暮らすようになる。健全な食と、そこでつむがれる物語をともに共有する。

もはやファッションは外部の敵に向き合うための「武装」ではなく、住まいは「砦」ではなく、食はバブリーな見栄や原理主義ではありません。武装をほどき、砦を開けはなし、見栄や原理主義を捨てて、わたしたちは仲間たちが待っている街へと歩を進めていけばいいのです。

衣も食も住も、変わろうとしています。人々から離反する「反逆クール」ではなく、人々とつながり直すための新たな手段として、再構成されようとしているのです。

第四章

すべては共同体へと向かう

わたしたちの暮らしに影響を与える〈場〉

「**上へ、上へ**」という中央集権的な上昇志向と、「**外へ、外へ**」という反逆クールは、いずれももう有効ではありません。わたしたちの生活は「**横へ、横へ**」とつながり、外に開かれたネットワークによって「ゆるゆる」を実現していく。

このような世界が具体化していくときに、ではわたしたちと企業や組織との関係はどのようなものになっていくのでしょうか?

ここで視点をひとつ、加えたいと思います。それは情報通信テクノロジーの視点です。ふたつのポイントがあります。

ひとつめは、新しいテクノロジーは、わたしたちが裸で世界にダイレクトに接続しているようなミニマリズム的感覚をもたらしてくれるようになること。

ふたつめは、テクノロジーは共同体をささえる装置に進化していくこと。

「反逆クール」な立ち位置からは、テクノロジーは中央集権的な抑圧する政府が、国民を監視するツールとしてつかっているというような陰謀論がよく語られます。

そこからさらに進んで、資本主義化された世界には幸せなどなく、江戸時代のような古い共同体の世界に戻ることが良いのだ、という主張をしている人たちもいます。しかしいま進行しているテクノロジーの進化は、そういう古い陰謀論とはかなり異なる様相を見せはじめています。

わたしはこの変化を『レイヤー化する世界』（ＮＨＫ出版新書）という二〇一三年の書籍で詳しく書きました。ごく簡略に説明すると、二十一世紀になって加速している情報通信テクノロジーの革命によって、企業はたくさんの従業員を雇う必要がなくなり、企業が成長しても富は世界中にフラットにばらまかれ、その企業が属している母国を豊かにしないという状況をつくっています。

二十世紀の大量生産システムは、巨大企業がたくさんの人を雇い、ものをたくさんつくり、それらのものが売れ、それで給料は増え、そしてその給料でまた人々はものを買い、生活が清潔で豊かになるという循環をつくりました。しかし二十一世紀の巨大企業はそのように人々を囲い込んでくれません。そうではなく、「プラットフォーム」と呼ばれるような基盤を何億人もの人々に提供し、国境をまたいで活動するようになっています。たとえばフェイスブックやアップル、アマゾン、さらには新興の民泊サービスであるAirBnbや相乗りサービスのウーバーなどの企業をイメージすればわかりやすいでしょう。そうした企業は少数精鋭で運営され、しかし莫大な資金を調達し、世界中でサービスを提供し、世界中の人たちに仕事や遊び、人間関係の基盤を提供しています。

わたしは『レイヤー化する世界』でそのような基盤を、〈場〉と表現しました。〈場〉は人々を囲い込み、上から支配するのではなく、下から支え、支配するのです。垂直に支配するのではなく、水平に支配するということです。

この〈場〉がわたしたちの暮らしにどのような影響を与え、そして〈場〉は、どのようにわたしたちの共同体を支えていくことになるのでしょうか。

その可能性をここから解き明かしていきます。

重なり合うネットとリアル

そもそも企業とわたしたちのあいだの接点が、いま大きく変わろうとしています。商店街にあるお店であれば、接点は店というリアルな空間でした。魚屋さんがだみ声で「今日はひらめが安いよお」と歌い、感じの良いカフェのスタッフがにっこり微笑んでくれるリアルな場所です。テレビや雑誌の広告での接点もありましたが、商品やサービスを自分の目で見て、お金を払う場所はリアルな空間でしかできなかったのです。

ところがインターネットが普及するようになって、接点は複雑になってきました。インターネットでモノを買うというのが当たり前になり、そういう流れに乗ってオイシックスのような会社も成長してきました。そしてわたしたちのほうも、ネットとリアルのお店と二股をかけるようになります。たとえばオーブンレンジを買いたいと思ったら、まず大型量販店に行って実物を見て触って確認し、でもそのお店では買わずにネットで安い店を探して注文する。お店をショールーム代わりにするという意味でショールーミングというのですが、これをやられてしまうとリアルのお店はたまったものではありません。特に衣類は試着してサイズ確認する必要があるので、ショールーミングがさかんになって非常に困ったことになりました。

そこでリアルのお店もインターネットに力を入れるようになり、スマホが普及するようになって、O2O(オー・ツー・オー)ということばも出てきました。これは「オンラインからオフラインへ」という意味で、たとえばネットで割引クーポンを出してお店に来てもらうよう誘ったり、それぞれの店舗での在庫情報をサイトで確認できるようにしたり。タクシーをスマホのアプリで呼べるようにしているのも、

Ｏ２Ｏのひとつです。アップルストアでは、専用のスマホアプリでリアルのお店での支払いをやってしまえるしくみもつくっています。これもＯ２Ｏ。

　このように企業やお店と、わたしたちの間の接点はネットとリアルで重なり合い、以前よりも複雑になってきていることがわかります。わたしたちの方だって、何かを買うときにけっこう複雑なことをしていますよね。

　たとえばスマホを買おうと思ったら、まずネットでいろんな記事を読みあさって自分に合うものを調べる。フェイスブックやツイッターで、「なにを買えばいい？」と友人たちに聞く。実際に家電量販店に実物を見に行って、最後はネット通販で購入する。買ったスマホを写真にとって、フェイスブックでみんなに見せびらかす。これらのことをわたしたちはごく普通にやっています。しかしネットがなかったころは、情報が少ないのでお店に行ってその場で店員さんに相談し、その場で購入し、あとは周囲の友人や同僚に見せるだけで、写真を撮ったりすることもありませんでした。とてもシンプルだったのです。

　そういう複雑なことを店の側も、お客さんの側も、たがいにおこなうようになっているのです。おまけに情報の量も圧倒的に多くなっていますから、市場競争も厳しくなっています。

そういう時代になって、テクノロジーとわたしたちがたがいにどのようにして良い関係をつくるかが大きな課題になってきている。そこで本章の最初にかかげた、二つの視点の話につながってきます。

「デジタルネイチャー」に属する未来

まず第一の、新しいテクノロジーは、わたしたちが裸で世界にダイレクトに接続しているようなミニマリズム的感覚をもたらしてくれるようになること。

これは言い換えれば、いかにわたしたちが意識せずにインターネットをつかいこなせるのかということです。たとえば日本の家電メーカーのデザインはひどいものが多く、やたらとボタンが多かったり、メニューが複雑だったり、アイコンの絵が意味不明だったり、操作するたびに取扱説明書を確認しなければならないようなものが少なくありません。直感的に理解できないのです。

このような厄介ごとを排除して、いかに直感的に「ゆるゆる」とつかえるか。見た目も操作系もシンプルに、ミニマルにできるか。

そうしたこころみの先駆的な例として、アマゾンのワンクリック購入があります。あまりに当たり前になってしまっているので、ワンクリックの先進性をほとんどの人はすでに忘れてしまっていると思いますが、登場したときは革新的でした。商品のページで「買い物かごに入れる」をクリックして、買い物かごを確認し、「購入」をクリックして、クレジットカードの番号を入れて、住所と氏名も確認して……とたくさんの手順が必要だったインターネットのショッピングの世界で、クリックわずかひとつで購入できるようにしてしまったのです。

アマゾンは特許も取ったこのワンクリック購入と、自分のほしいものがかなり的確に表示される「おすすめ」機能のふたつが圧倒的につかいやすく、これによってインターネットショッピングの天下をとったといっても言いすぎではありません。

最近のネットメディアのサイトもそうです。少し前までは、ネットで読む記事というと、やたらとページをめくるようになっていて、何度も「次のページ」ボタンをクリックしないと先に進めなかったり、上下左右にうっとうしい広告が表示されていて、画面が汚かったりしましたよね。でもこういうメディアからは読者が離反するようになり、いまはアメリカでも日本でも、ずっとすっきりした画面のメディアが増えてきています。広告表示はなく、「次のページ」ボタンはなくて、ひたすらスクロールしていくだけで記事すべてが読める。スマートフォンの小さな画面でもストレスがなく、記事を読むことだけに集中できるようなデザインがだんだん主流になってきています。

ウェブの世界には、UXとUIということばがあります。前者はユーザー・エクスペリエンス、つまり利用者の体験。後者はユーザー・インタフェイス、日本語でいえば操作方法。たとえばスマホをつかうときに、タッチスクリーンでスワイプ（指をすべらせる）やピンチ（指でつまむ）などの操作によって画面を動かす場合、その操作方法がUIです。パソコンでマウスやキーボードをつかうのも、UIです。

説明をもっとわかりやすくするために、「料理を食べる」という行為で考えてみましょう。UIにあたるのは、皿やスプーンやフォーク、箸といった道具です。

UXは、エクスペリエンス（体験）という単語がつかわれているように、UIの操作によってユーザーが得られる主観的・総体的な感覚です。ナイフとフォークと皿をつかって食事していた欧米人が、東洋の箸を初めてつかったとしましょう。最初は慣れずにつかいづらいけれども、ある日コツを体得すると、「なんてこった、ナイフとフォークよりずっと機能的でつかいやすいじゃないか！」と感動するでしょう。このつかう側の主観がUXなのです。つまりコンピュータであれば、タブレットをつかって「パソコンとくらべてなんと直感的でわかりやすいんだろう」と感じること、それがUXなのです。

つまり巧みにつくられたつかいやすいUIがあって、すばらしいUXが生まれる。これからの企業に求められているのは、UIとUXをいかに高めるかということなのです。それによってわたしたちは気持ち良く、めんどうごとを排除してゆるゆると利用できるようになる。

これからはネットの世界と、わたしたちが生きているこのリアルな空間がますます融合していくでしょう。そこではデジタルのネット空間が主導するのか、それともリアルな空間が主導するのか。気鋭のメディアアーティストとして最近非常に注目されている落合陽一さんは、そのどちらでもなく、ネットの空間もリアルの空間もすべて融合した新しい「デジタルネイチャー」という空間が生まれ、そこに人間も機械も属していくという未来像を提示しています。

たとえば音楽CDは人間の可聴帯域だけに絞ってその他の音がカットされているため、何もカットされていないアナログのレコードよりも質が低い、だからデジタルはやっぱりダメだというようなステレオタイプなテクノロジー批判があります。しかし落合さんはこう話しています。

「デジタルがアナログの下にあるという考えかたが、すでに間違っているのです。デジタルはアナログを越えるんです。人間の可聴帯域をはるかに越える帯域の音までも収録することはもはや可能になっていて、そういうデジタルネイチャーの帯域の世界では、人間の聞こえる範囲なんてたいしたことはない。そういう世界がすでに実現してるんですよ」

人間の世界を超えてしまうデジタルネイチャーは、すでに技術的には可能になってきている。デジタルネイチャーが世界中を覆うような時代は、いずれやって来るでしょう。

思い立ったらボタンひとつで

そこまで先端的な未来まで行かなくとも、いまのようなウェブ画面でクリックしたりタップしたりして「買い物かご」に溜めて、最後に決済というようなＵＩは間もなく廃れていくとわたしは考えています。もっと実生活に密接につながり、たとえばリアルの店舗や青空市場とも連携したような新たなＵＩが登場して来るでしょう。

いまのウェブのＵＩは対面型です。パソコンにしろスマホやタブレットにしろ、画面と人間は向き合っています。でも歴史を振りかえって見れば、人間と道具が同じ方向を見ているというのがどちらかといえば主流でした。

スコップや鍬《くわ》。鉛筆。スプーンとフォーク、箸。靴。弓矢や刀。

みんな同じ方向ですよね。もちろん、アナログだけど対面型もありました。方位磁石や定規、そろばんなどがそうです。これらがなぜ対面型なのかというと、かんたんな話で、表示部分があるからです。方位磁石で方角を読み取り、定規の目盛りで長さを調べ、そろばんで足し算の答えを確認する。でもこういう表示部分を見ながら操作する機械というのは、人間の身体と一体化はしにくいですよね。つねに自分とは離れたところに置いて、目で見なければならないからです。

パソコンやスマホもそうやって対面型なのですが、もっともっと人間の身体と協働していくようになると、やがてはスコップや箸と同じように同方向型へと移行していくのではないかということも言われています。実際、最近は身につけられるウェアラブルデバイスというものも発売されるようになって、メガネ型のウェアラブルデバイスなどは同方向型ですね。そのほうが人間にとっては自然です。

映画監督の宮崎駿さんは、タブレット機器についてこんな発言もされています。

「あなたが手にしている、そのゲーム機のようなものと、妙な手つきでさすっている仕草は気色悪いだけで、僕には何の関心も感動もありません。嫌悪感すらあります。その内に電車の中でその妙な手つきで自慰行為のようにさすっている人間が増えるんでしょうね。電車の中がマンガを読む人間だらけだった時も、ケイタイだらけになった時も、ウンザリしてきました」（小冊子「熱風」二〇一〇年七月号）

何十年か後の未来の人たちが二〇一〇年代の街角の光景を見ると、きっと不思議に思うでしょうね。「この人たちは何のお札《ふだ》を見ているんでしょうか？　宗教的な儀式みたいなもの？」。たぶんそのころには、液晶を眺めて指で操作する対面型の機械は廃れているんじゃないかと思います。

ネットショッピングのやりかたも変わるでしょう。パソコンやスマートフォンを操作して注文するのではなく、もっと別の形になる。

たとえばすでに現実になっている例としては、世界最大手のネット通販であるアマゾンの「ダッシュ」という製品があります。

音声認識と、バーコードリーダーを内蔵したスティックのかたちの機器です。スティックの片側には輪っかがついていて、台所などのフックとかに吊しておけるようになっています。台所洗剤がなくなったら、ダッシュで洗剤のボトルのバーコードを読み取る。ピッと音がすると、無線LAN経由でアマゾンにデータを送り、買い物カートにその洗剤を入れておいてくれるというしくみです。

バーコードがなくても、ダッシュに向かって「炭酸水」と呼びかければ、音声認識で買い物カートに炭酸水をひとつ入れておいてくれる。あとは時間が空いたときにまとめて発注すれば、商品が送られて来るのです。アマゾンはいま米国で「アマゾン・フレッシュ」という生鮮食料品の宅配サービスもやっていて、りんごとか肉とかも専用のバッグに入れて届けてくれるようです。

さらにその後、ダッシュをさらに簡略にした「ダッシュボタン」という機器も発表しました。スティック型だったダッシュを、小さなボタンの大きさにしてしまったものです。

アマゾンが用意した説明の動画を見ると、洗濯機の操作パネルのあたりに、洗濯洗剤「タイド」のロゴがプリントされた小さなボタンがマグネットで貼り付けられています。このボタンをチョンと押すと、なんとアマゾンの買い物カートにいつもつかっているタイドの洗剤ボトルが自動的に入るというしくみ。シンプルかつミニマルですね。

このダッシュボタンは、つかい道をあれこれ考えれば、生活空間のさまざまな場所に展開していくことが可能です。たとえばマガジンラックに「ニューズウィーク」ダッシュボタンを貼り付けておけば、ボタンを押すだけで最新号が手に入るなんてことが可能になります。

それだったら自動的な定期購入の方がいいのでは、と思う人もいるでしょう。でもこれって、意外とめんどうなんですよね。旅行や出張のあいだに勝手に届いてしまうと困るし、洗剤やゴミ袋のような日常の消耗品は購入のタイミングがかならずしも一定ではありません。部屋を大掃除すればゴミ袋はたくさんつかうし、長い出張に出ていれば台所洗剤も洗濯洗剤も減らない。定期購入にしてしまうと、配達されてくるタイミングに自分の生活パターンを合わせないといけないので、なんだか本末転倒です。「機械に操られてる」感もある。

ダッシュボタンだと、定期購入のように勝手に配達されてくる心配はありません。あくまでもお客さんの側が「自分の意思で買うんだ」と判断し、でもその判断をしたら即座に、しかも超かんたんなやりかたで購入できる手段をちゃんと用意してあげる。これこそが理想的なネット通販なのかもしれません。

魔法のようなテクノロジーに支えられる

未来のウェブやインターネットショッピングがどのような形状のものになっているのかは、まだはっきりとは見えてきていません。いまVR（仮想現実）やAR（拡張現実）など新しいテクノロジー的な視覚も登場してきています。またウェアラブルの先には、人体を改造して超小型機器を埋め込む「インプラント」の技術がやって来るとも言われています。二〇一六年にはARをつかった「ポケモンGO」というスマホゲームが流行りましたが、この種のゲームは遠くない将来にはグーグルグラスのような電子メガネ、さらには電子化されたコンタクトレンズ、そしてもっと先にはわたしたちの網膜そのものを電子化して楽しむような方向へと進んでいくでしょう。

そういう未来の身体感覚でひとつだけ確実にいえるのは、そのころのインターネットは空気のようなものになっているだろうということです。

シンプルでミニマルなデザインが究極に進化すれば、それは機器やインターネットのサービスと「向き合っている」という感覚さえも消失させていくでしょう。スコップやフォークや弓矢のように、人間と機械が同じ方向をともに見て、すぐそばで人間を支えてくれる「伴走者」のような役割になっていく。

仲介する道具を意識するのではなく、自分の利用目的やコンテンツに直接向き合い、気持ち良く、目の前のことに集中できる。そういうデザインとテクノロジー。こういうミニマルさは、わたしたちとインターネットの間の垣根をとりはらい、直接わたしたちをネットに接続させます。

少し前までは、情報通信テクノロジーというとスマートフォンやパソコン、音楽プレーヤー、デジタルカメラといったたくさんの電子機器の集合体という印象がありました。「ネットに詳しい人」というと、そういう電子機器をやたらとたくさんバッグの中に詰め込んでいる人でした。

ところがテクノロジーが発達してくると、こういうガジェット類は淘汰されていきます。「存在がなくなる」のではなく、伴走者となり、やがて伴走者の存在も意識しなくなり、「存在が見えなくなる」のです。それとともに、操作系も「なくなる」

のではなく、「無意識になる」のです。

『2001年宇宙の旅』の原作者として知られるSF作家、アーサー・C・クラークは一九六〇年代に、こういう名言をのこしています。

「充分に発達した科学技術は、魔法と見分けが付かない」

当時の人が現代のスマホを見れば魔法に見えるでしょう。それと同じように未来のテクノロジーを垣間見れるとしたら、いまのわたしたちには魔法にしか見えないでしょうね。

意識して操作するのではなく、ほとんど無意識のまま、まるで皮膚感覚のようにネットを操作する。これは前章で紹介した、モノを持たないミニマリストと同じ方向性です。

このようなテクノロジーの進化は、わたしたちを裸に、裸足にしていく。一見するとまるで原始の生活のように見えるけれども、限界まで発達した魔法のようなテクノロジーによって、その裸の生活が支えられている。

テクノロジーが進化すればするほど、モノは減っていき、わたしたちの生活は見た目の上ではミニマルになっていく。そういう時代が幕をあけようとしています。

AIによるビッグデータの分析

続いて、テクノロジーと暮らしの関係を展望していくためのふたつめの視点です。テクノロジーは共同体をささえる装置に進化していくということを説明していきましょう。

この視点は、いまの状況を見ると、なんだか矛盾するようにも見えるでしょう。昔から、インターネットに反感を持っている人たちは、くりかえし「ネットは人を孤独にする」といった言説を主張してきました。インターネットをビジュアル化したイメージというのは、たいていの場合「照明を落とした、暗く乱雑な部屋の中で、不健康な若者が青白い液晶モニターにしがみついてキーボードをパチパチ叩いている」というようなステレオタイプです。

これらは極端にしても、実際、インターネットのテクノロジーは、「パーソナライズ」と呼ばれる個人への最適化に進んでいるように見えます。

パーソナライズはたしかに、情報があふれかえっている中で、的確に自分のほしいものを見つけ出せることを可能にしつつあります。なぜこれが孤独に向かうのではなく、共同体につながっていくといえるのでしょうか？　迂回しながら説明していきましょう。

パーソナライズを進化させているのは、ＡＩ（人工知能）によるビッグデータ分析の技術です。

ビッグデータというのは、文字通り「大きなデータ」のこと。アマゾンや楽天、フェイスブック、グーグルといった巨大なネット企業には、人々がどんなものを購入し、どんなメールのやりとりをし、だれとだれが人間関係でつながっているのか、そして今日はどんなご飯を食べてどこに行ったのかといったデータが無限に近いぐらいに溜め込まれています。以前はそういうデータはただのごちゃごちゃした雑音でしかなく、あまり意味がないと思われていました。でもこの十年ぐらいのコンピューター処理速度の向上とＡＩの進化で、これらの雑音のようなデータも猛烈な速度で分析できるようになりました。ビッグデータを分析することで、「こういう行動をした人は、次はどんな行動をするのか」「こういう行動をした人は、世界にどのぐらいいるのか」といったことが瞬時に分析できるようになってきています。

グーグルは、Ｇメールやグーグルカレンダー、グーグルマップなどのさまざまなサービスを無料で提供して、世界中の人たちが利用しています。これらは無料です。なぜ無料なのかといえば、利用者がどんなデータをどうつかっているかということをグーグル側が収集できるからです。

これはフェイスブックやツイッターなどのＳＮＳも同じことで、無料でサービスを提供するかわりに、企業の側はデータを収集しているのです。以前、ダグラス・ラシュコフというジャーナリストがこの関係をみごとに表現したことがありました。

「あなたはフェイスブックの顧客ではない。商品なのだ」

フェイスブックは広告で儲けているので、お客さんはユーザーではなく、広告を出してくれているクライアントということなのですね。そしてクライアントの広告の効果を上げるために、利用者のデータがつかわれている。つまり「商品なのだ」というわけです。

とはいえ、一方的にデータをとられるだけでは、わたしたちに何のメリットもありません。だからフェイスブックやグーグルは、わたしたちに無料でつかいやすいサービスを提供し、そのサービスの質を日々向上させているのです。

グーグルは、事前にわたしたちの行動をデータから読み取って、そこに適切なガイドをしてくれます。

たとえば今日の正午から友だちとランチの約束をしていて、その後に午後四時の飛行機で羽田を出発して、出張先の福岡に向かわなければならないとします。あなたは渋谷駅近くのレストランで、友だちとお昼ご飯を食べている。午後二時ぐらいになると、グーグルがあなたに教えてくれるんです。

「おそくとも二時ぐらいにはレストランを出ないと、飛行機に間に合わなくなりますよ。チェックインの時間も必要なので、三時過ぎには空港に着きたいですよね」

この個人秘書みたいなことは、グーグルでかなり正確にできるようになってきています。こういう技術を、人々の置かれているさまざまな状況や事情（コンテキスト）を読んでいるという意味で、コンテキストコンピューティングなんていう言いかたもあります。また、これまでのようにわざわざ検索エンジンに文字を入力して質問しなくても、的確に人々の状況をコンピュータの側が把握して認識しているということで、コグニティブ（認知）コンピューティングとも呼ばれています。

ビッグデータの可能性

ここで、食材の通販をおこなっているオイシックスにもう一度出てきてもらいましょう。登場していただくのは、同社でマーケティングの責任者を務めている西井敏恭さんです。

西井さんは以前は、化粧品会社ドクターシーラボの仕事をしていました。オイシックスにかかわるようになって感じたのは、野菜と化粧品の決定的な違いでした。化粧品と違い、野菜は増産ができません。化粧品は工業製品ですから、ヒットすれば原材料をたくさん発注し、いくらでも増産することができます。ヒット製品をひとつでも生み出すことができれば、小規模のネット通販ならそれで成功といえるでしょう。

ところが野菜の場合、たとえばトマトの新しいタイプが爆発的に人気が出たとしても、急には増産できません。農家さんから納めてもらった分しか売れないのです。おまけに季節が変わっていくごとに、野菜はつぎつぎと入れ替わっていってしまいます。夏が終われば夏のトマトは終わり、秋野菜に移行していくのです。

だから野菜は、「一発狙い」ができません。おまけに種類がものすごく多いので、ページをひとつひとつつくっていかなければなりません。少量多品種を売り、全体として売上を出していくというのは、成果を一発で出しにくいのです。

おまけに野菜は「なまもの」ですから、在庫管理や品質管理も非常にたいへんです。化粧品はそうかんたんには劣化したりしませんから、倉庫の空きさえあれば在庫を長期間持っておくことができますが、野菜はそれができない。ちょっと前に「これは美味しい！」と感じていたはずのトマトが、三か月後にはとたんに味が落ちて美味しくなくなってしまうように感じてしまう。しかも見た目ではなかなかわからないので、実際に食べて確認しなければならない。その確認行為を忘れると、お客さんから「美味しくなかった……」と苦情が来てしまいますし、品質を管理できていないと思われてしまいます。

家庭の食の商売というのは、ほんとうにたいへんなのですね。すぐに品質が変わってしまう、腐りやすい野菜という商品を、お客さんのところに素早く送り届ける。しかも大ヒットが出ても増産できない、同じものを売り続けるのも難しい。さまざまな商品をどう組み合わせて、全体として売っていくかを考えなければならない。

でも、だからこそ家庭の食は面白いのだ――とも西井さんは感じています。

ひとりひとりのお客さんが購入する商品の種類と量を考えてみましょう。化粧品を毎日買う人は普通はいません。たとえばあるお客さんが、「保湿クリームとクレンジングクリームはこのサイトのが気に入ったからいつもここで買う」と決め、手持ちがなくなったら買い足してくれるとすれば、年に買い物してくれる回数はせいぜい五回ぐらいです。購入する商品の種類もわずか二種類。

でもオイシックスのような野菜の宅配だと、お客さんは週に一度はつかってくれます。購入する商品も、十〜二十種類ぐらいはあります。

この違いが何を生み出すかというと、「お客さんがどんな人なのか」を想像しやすくなるということなんです。保湿クリームとクレンジングクリームを年に五回買ってくれる人がどんな人なのかは、ほとんどわかりません。お化粧をしている女性なんだろうなあ、というぐらいです。

でも食のネット通販を利用してくれている人たちは、その生活の様子があれこれと想像できます。野菜をよく買ってくれるお客さん。根菜が好きなお客さん。香味野菜が好きな人。基礎調味料をよくつかってくれる人。買ってくれる商品の種類や量には、その人の生活スタイルが表れやすいんですよね。

おまけに野菜や肉などの食品って、購入がとても感覚的です。一枚のシャツやアクセサリー、化粧品だと、「どれを買おうか……」と悩むことって多いと思います。ひとつの商品を選ぶというところに、みんなすごく力を入れる。でも一個のトマト、百グラムの豚肉、一丁の豆腐を買うのに、三十分も考え込んで悩む人はあまりいません。たいていの人は、脊髄反射的に「あ、これ美味しそう」と感覚で購入しているのではないでしょうか。そしてそういう感覚的な消費のほうが、ふだんの生活や思考、ライフスタイルなどが直線的に表れやすいということなのです。

さらにネットで買う野菜は、もうひとつささやかな特徴があります。それは、他のサイトと毎回値段を比較するようなことがあまりないということ。スーパーでの買い物だと、近所にある二、三店舗のトマトの値段をチラシなどで比較して「うーん、こっちのほうが安いから今日はこの店に行くかな」と選ぶということもあるでしょう。しかし食材のネット通販ではそういう傾向はあまりなく、複数のサイトで買っている人は少ないようです。だからひとつのサイトの中で、お客さんときちんとつながり、お客さんの買いたいものを包括的に提供してあげることが可能ということなのです。

西井さんは、こう話しています。

「『献立を考えるのがめんどう』というみんなの課題に対して、さまざまな方法で対応することが可能になると思います。たとえばお子さんの月齢や年齢に合わせた料理を考えてあげて、その食材を提供するというようなやりかたはすでに採用しています。大人の加齢にあわせて、肥ったり成人病にならないように調整したレシピを提供してあげるというのもあるでしょう。日々の食事を定期宅配で届くオイシックスの食材だけで組み立てるのであれば、カロリーや栄養素の管理もいちいち計算せずにウェブサイト上でできてしまいますよね」

この「お客さんの買いたいものを包括的に提供してあげる」ということが具体的に実現できることに、ビッグデータの最も大きな可能性があるということなのです。

あらゆる場所がメディアになる

しかしここには、ひとつの問題があります。

それは、プライバシーが侵されているという気持ち悪さを生みだしてしまうこと。なんでも先まわりして自分のやりたいこと、ほしいものを教えてくれるなんて、自分がまるで機械に操られているような感じになるでしょう。パーソナライズとプライバシーの衝突の問題はもう十年以上も前から指摘されていますが、いまのところ解決するめどは見えていません。

これから先、どれだけコンピューターやインターネットが発達しても、やっぱり人間が中心で、人間がコントロールしているんだという感覚を持ち続けられることはとても大切です。

情報が絞り込まれ、的確に届くということ。

わたしたちのプライバシーが侵害される感覚にならないこと。

この相反するように見えるふたつの課題を両立させることが可能なのかどうか。

わたしは、それを可能だと考えています。そのカギは、メディアと共同体の新たな関係にあります。

メディアということばをつかうと、テレビや新聞、雑誌、ラジオなどのマスメディア企業のことだと理解する人は多いでしょう。最近はインターネット上のニュースサイトなども普及していて、ウェブメディアやネットメディアと呼ばれています。

しかしメディアの意味は、実はいま大きく変わろうとしています。

本来メディアは「媒体」と訳されたことでもわかるように、情報を送り届ける手段や装置のことを指していました。だからデジカメに挿入して写真を記録する小型のカードも「記録メディア」と呼ばれていますよね。マスメディアのメディアと、SDカードのような記録メディアのメディアではずいぶん意味あいが違いますが、もともとは情報を送る手段の意味だったと考えれば、納得できます。テレビ番組がメディアなのではなく、電波で送り届けるしくみがメディア。新聞記事がメディアなのではなく、記事を掲載した新聞紙をトラックで配送するしくみがメディアだったわけです。

しかしそういう単なる配送手段としてのメディアから、より広い意味のものへとメディアは変わってきています。ネット時代には、あらゆる場所がメディアになろうとしています。

インターネットでは、ニュースサイトだけでなく、SNSやメッセンジャーやありとあらゆる場所がメディアとなっています。フェイスブックやツイッターなどのSNSで友人が共有する記事や動画を見ているという人は多いでしょう。ここでは、SNSという人間関係のサービスだったはずのものがメディアになっています。リアルの空間では、駅などにある広告看板も最近は「デジタルサイネージ」と呼ばれる液晶画面になって、動画が表示されている。これもメディアです。

ネット通販から届く箱だって、見た目は単なる箱ですが、企業からお客さんに情報を届ける大切なメディアになっています。

箱を空けるときに「今日はどんな感じなんだろう」とワクワクする感じ、新鮮な野菜や豆腐、ハムなどを見つけたときの「美味しそう!」という嬉しさ。さらに中に入っているリーフレットなどを読むときの楽しさ。そこにはさまざまな物語があり、新鮮な体験があり、「この野菜のことを家族に話したい」というコミュニケーションの種があり、さまざまなわたしたちの感覚が詰まっています。それはマスメディアを経由して、素敵な映像や文章に触れたときの感動となんら変わりません。

つまりメディアは、物語を駆動するエンジンでもあるということなのです。

情報の的確な配信は大切ですが、ビッグデータ分析に頼り、情報を的確に届けることだけにこだわりすぎると、物語が弱くなる。弱くなるだけでなく、「企業からくだらない情報がたくさん降ってきて迷惑だ」とスパム扱いされることになってしまいます。だからビッグデータは基礎の技術としては大切ですが、これだけに頼ってはいけません。

新しいメディアの空間はそのように物語を劣化させるのではなく、物語をつねに再生産し、新たな思いを人に届け続けることが可能になります。

なぜそのようなことが可能になるのでしょうか。

メディア空間につくる物語——「北欧、暮らしの道具店」

このヒントを、「北欧、暮らしの道具店」という生活雑貨販売サイトに見てみます。このお店が注目されているのは、単なる通販のお店というだけでなく、メディアのような役割も果たすという不思議なサイトになっているからなのです。つまり通販サイトの中に、さまざまな記事が掲載されているのです。

通販サイトが、自分のところの商品を紹介する記事を掲載するのはごく普通のことです。しかし「北欧、暮らしの道具店」には商品紹介記事だけでなく、人物インタビューなど一見して商品とは関係なさそうな記事がたくさん載っていて、そちらのほうが圧倒的主流になっている。商品紹介記事はほんの少ししかありません。ウェブメディアなのか、通販サイトなのか、よくわからないんですよね。

「北欧、暮らしの道具店」を運営しているのはクラシコムという株式会社で、社員は四十人ほどというとても小さな会社です。

社長の青木耕平さんによると、もともとは普通の通販サイトだったそうです。二〇〇七年にオープンして、年々売上は伸びていったのですが、しかし利益がまったく出ない。なぜかというと、通販サイトというのは競争の厳しい業界なので、広告を出してポイント還元や懸賞のキャンペーンをやったりと、マーケティングの費用がたくさんかかるからなのです。楽天市場のようなショッピングモールに出店すると、出店料もかかります。グーグルで検索してもらえるようにしようとすると、検索広告費も出さなければなりません。一般的には売上の二〇パーセントぐらいをマーケティングに投じなければならないと言われています。雑貨は原価がそれなりにかかるし、化粧品などの消耗品のように定期的に買ってもらえるモノではありませんから、ビジネスをまわしていくのはかなり困難でした。

青木さんはこのお金をつかって、何か別のことをしたほうが良いのでは、と思いました。思い出したのは、サイトに掲載していた社員みんなのブログでした。評判が良く、お客さんからも「いつもブログ読んでます」というメッセージが届いている。青木さんは考えました。「いまは広告を他のサイトに出してお金を払っているけれど、要するに広告というものは面白くて役に立つコンテンツをつくって、それを集客力のある媒体に掲載するというものなんだから、だったら自分たちが面白いと思った記事をお客さんの求めていることに合わせて発信すれば、自分たち自身が媒体になれるんじゃないだろうか」

テレビや雑誌しかなかったころならともかくも、インターネットの時代には自分がメディアになることはだれでもできます。従来の固定観念では、たとえば広告企業がメディアを持つことはタブーだとされていました。でもネット広告会社のサイバーエージェントは、二〇〇四年にアメーバという自社のブログメディアを立ち上げて、そこに自社の広告を載せる手法をはじめて大成功を収めています。

もっと古くからの事例でも、たとえば一九八〇年代からある「通販生活」は通販のカタログですが、半分以上を普通の記事が占めていて、メディアのようになっています。このように通販や広告とメディアが融合してひとつになっていくという事例はあちこちにあるのです。

そうして「北欧、暮らしの道具店」はメディアになり、外に出していた広告は少しずつ減らしていって、いまでは外にほとんど広告を出していません。記事を読みに来てくれる人の中で実際に商品も買ってくれる人の割合はごくわずかです。たとえば千人が記事を読みに来てくれて、商品を買ってくれるのが五人という割合だとすると、一見するととても少ないように思える。でも見方を変えれば、普通の通販サイトだったら五人しか来てくれないところに、商品とは関係ない九百九十五人がわざわざ来てくれているのだともいえます。そう考えると、いままで届かなかった人たちのところにまで、自分たちのサイトを届けられるようになったのだということとにもなるわけですね。

加えて、雑貨の通販だと一度購入したら次に来てもらえることはなかなかないのですが、定期的に記事が新しく出ているメディアだと、同じ人が何度も読みに来てくれる。つまりリピーターを育てることができるようになったということなのです。

クラシコムの文化

このリピーターの人たちが、「北欧、暮らしの道具店」にとっては単なるお客さんではなく、いつも遊びに来てくれる仲間のようなものになっていく。青木さんは話します。

「お客さまと会社というものがひとつの組織みたいなものになり、お客さまの中から選抜させていただいて社員になるような、そういうインナーサークルみたいなものをつくりたいと思ったんです。そのときに、共感される文化、共感できる仲間だと思ってもらうことが大切だと気づきました」

同じ文化を共有できている感覚、というのはとても大切です。「北欧、暮らしの道具店」に接したときにファンの人たちが感じる共感というのは、狙ってつくれるものではありません。

青木さんはこれを萌え系文化を題材にして説明してくれました。わたしは萌え系のことはよくわからないのですが、だれかが描いた美少女の絵に「萌える」「萌えない」というのは、萌え系の文化の中の人でなければわからない。ただ絵がうまいだけのイラストレーターを連れてきて、美少女の絵を描かせても、それはたぶん「萌えない」。萌えるには何かのスイッチが必要で、そのスイッチは萌え系の人でないとつくれない。

「萌える人ではないと、萌えさせられないんです。それと同じで、共感できる文化をつくっていくためには、徹底的にインナーサークルで同じ感覚の人間を集めていって、そこでの共感を非言語的に共有して、いっせいに動くというようにしないとだめなのです」と青木さんは話しました。

クラシコムでは社員を年に一度だけ一括で、中途採用しています。普通の会社なら、外の求人雑誌や求人サイトに募集広告を出すところなのですが、同社は「北欧、暮らしの道具店」だけでしか採用の告知をしていません。先ほどの青木さんのことばにあったように「お客さんの中から、社員を選抜する」ということなのです。いくら優秀な人であっても、文化の合わない人には来てもらいたくないという強烈な意思を感じます。

クラシコムの文化とはどのようなものなのでしょうか。

青木さんの回答ははっきりしていました。「マガジンハウスの雑誌に触れてきた人たちです。その価値観を持っている人たちをひとつの母集団として見ています」。

出版社のマガジンハウスはもちろん現在も健在ですが、一九七〇年代から八〇年代にかけての時代には、いまでは想像もできないほどの輝きを放っていました。たとえば雑誌「ポパイ（POPEYE）」は一九七六年に創刊され、それまで日本であまり注目されていなかったアメリカ西海岸のカウンターカルチャーを紹介し、当時の若者たちに熱狂的に受け入れられました。日本にサーフィンやアウトドアファッションなどの文化が根付いていったのは、「ポパイ」が基点です。わたしも高校生から大学生にかけてこの雑誌を愛読して、「ポパイ少年」に憧れてマウンテンパーカーを着て、デイパックを背負うなんていう流行を追っかけたりしていたのを思い出します。

マガジンハウスにはほかにも「an・an」「クロワッサン」「ブルータス」「ターザン」など一時代をつくった雑誌がたくさんあるのですが、クラシコム文化の源流になっているのは、一九八二年創刊の「オリーブ（Olive）」です。フランスの女子高校生であるリセエンヌのライフスタイルを日本に紹介し、都会的でおしゃれな少女文化の中心地として愛されました。ナチュラルメイクとベレー帽、カフェオレボウルとバゲットといったアイテム。古いフランス映画を街角の映画館で観たあとに、カフェでハーブティーをいただく。聴いてる音楽は、アコースティックなボサノバ。いまではかなりステレオタイプ的になってしまったそういう都会少女のイメージは、ほとんどがオリーブから生み出されたものです。

オリーブは惜しまれながら二〇〇〇年代に入って休刊してしまったのですが、その文化は「クウネル（ku:nel）」や「アンド・プレミアム（& Premium）」といったマガジンハウスの他の雑誌に引き継がれてきています。

ただ、残念なことに雑誌という業界そのものが衰退しています。特に二〇〇八年のリーマンショック以降の下落はおそろしいほどで、二〇〇〇年ごろにはまだ一兆円あまりあった雑誌売上額は、二〇一四年には五千億円台にまで減ってしまっています。ほぼ半減しているのです。

「クウネル」も二〇〇八年には十一万八千部だったのが、二〇一五年には七万部台にまで落ち込んでしまいました。このままでは休刊するしかない、とマガジンハウスは内容の刷新を決意し、五十歳代向けのライフスタイル雑誌にリニューアルして、旧来の読者たちから抗議される騒ぎも起きています。

このリニューアルは、五十歳代より上の世代が昔から雑誌に慣れ親しんでいて、いまも読んでくれているからということだったのでしょう。二、三十代の若い世代はもはや紙の雑誌を買う習慣がなく、みんなインターネットに行ってしまっているのです。

とはいえ、二、三十代の世代でオリーブやクウネル的な文化を好む人たちがいないわけではありません。日本人全体からみればごく少数かもしれませんが、集めればかなりの人数になるのはまちがいないでしょう。ではそうした若い彼女たちは、雑誌を読まずに、どこで都会少女的な文化に触れているのでしょうか?

その答えのひとつが、「北欧、暮らしの道具店」ということになるのです。かつて、地方に住んでまわりにはヤンキー文化しかないような土地の少女が、街の書店で「オリーブ」を購入して「ああ、ここには自分と同じ人たちがいる」とひそかな安心感に浸る。それと同じようなことが、いまはネット回線を通じて「北欧、暮らしの道具店」で起きているということなのだと思います。

雑誌が衰退して、雑誌が支えていた文化圏もなし崩し的になくなっていく。そこから放たれてしまった寄る辺なき人たちを、ふたたびネットが支えようとしている。そういう構図が浮かび上がってきました。

そうとらえれば、「北欧、暮らしの道具店」がはじまったのがリーマンショックの前年の二〇〇七年だったというのは、何とも運命的な符合でした。

メディアの3Cモデル

メディアは、文化を支える土台のようなものです。それは紙の雑誌だろうが、電波を受信するラジオだろうが、ネットのウェブサイトであろうが、なんら変わりはありません。かつて若者たちが深夜、小さなラジオ受信機を耳にあて、パーソナリティーたちのしゃべることばに夢中で耳を傾けたように、いまはネットの中に形づくられる文化圏に人々は集まり、寄り添いあおうとしている。

つまりメディアは、文化そのものであるといってもいいのです。

メディアは文化であり、その文化につらなる人たちが集まる空間をささえる構造である――わたしは未来のメディアをそのようなビジョンとしてとらえています。

さきにわたしは「すべてがメディア化していく」と書きました。これはあらゆる場所が文化圏となり、たがいに共鳴できる人たちがそれらの場所に集まり、共同体的なものをつくっていくということなのです。かつて紙の雑誌がつくっていた共同体よりもずっと複合的で、多様なかたちで。その共同体は、一時的で限定的なものである場合もあれば、継続的で強い引力を持つ場合もあるでしょう。

このような新しいメディア像があらわれてくると、メディアの構造も変わってくるでしょう。このビジョンでは、もはやメディアを「インターネットか紙か電波か」といった区分けをすること自体があまり意味を持たなくなってきます。

インターネットが広まっていく段階にあった二〇〇〇年代ごろまでは、ネットと伝統的メディアの対立構図というのはたしかにありました。わたしも当時はそういう議論をしていました。しかし二〇一〇年代に入り、SNSとスマートフォンが普及するようになって、その構図は急速に薄れてきています。

メディアの構図を、コンテンツ・コンテナ・コンベヤという三つの「C」で説明するモデルがあります。これは技術者の及川卓也さんが発案された考えかたで、「3Cモデル」と呼ばれています。コンテンツは記事や動画。コンテナはそれらの記事を運ぶ容器。コンベヤは容器のコンテナを配達してくれる媒体です。新聞と地上波のテレビは以下のように説明できます。

コンテンツ＝記事
コンテナ　＝記事を編集して紙面に掲載し、宅配するしくみ
コンベヤ　＝販売店

コンテンツ＝番組
コンテナ　＝番組を編成し、ＣＭとともに無料で流すしくみ
コンベヤ　＝電波

一九九〇年代にインターネットが普及し、新聞記事がヤフーニュースでも読めるようになりました。すると構図はこう変わります。

コンテンツ＝記事
コンテナ　＝ヤフーニュースでさまざまな新聞社の記事をまとめて、配信するしくみ

コンベヤ　＝インターネット

この3Cモデルで何がわかってきたのかというと、コンテンツそのものがいくら良い内容でも、コンテナという情報流通のしくみを押さえないと、メディアの覇権は握れないということです。新聞やテレビしかなかった時代には、新聞社やテレビ局が自前でコンテンツとコンテナ、コンベヤのすべてを押さえている「垂直統合」という構図でしたが、ネットの時代になってヤフーが力を持つようになると、コンテンツはあいかわらず新聞社がつくっているのに、コンテナ部分はヤフーという第三者が握るようになります。この「水平分散」によって、新聞社の力は削がれ、コンテナを所有するヤフーの力が増すということが起きました。

しかしこの構図は、スマホとSNSの時代になってふたたび変化してきています。たとえばわたしが若い仲間たちと一緒に創業した「TABI LABO」という会社はインターネットのメディアですが、動画もつくり、イベントも開催し、紙のフリーペーパーも発行しています。また若い女性にたいへん人気のある「MERY（メリー）」というネットメディアがあり、最近は紙の雑誌も刊行しています。第一号は五万部も刷って、すぐに完売したというのでメディアの業界でたいへん話題となりました。

このようにインターネットに限らず、紙の雑誌やフリーペーパー、リアルのイベントなどを横断的に活用し、読者とつながろうとする動きが新興メディアでは活発になってきているのです。

この新しい構図を3Cモデルで説明するとどうなるでしょうか？

コンテンツ＝記事・イベント
コンテナ＝SNS・駅に置かれたフリーペーパー・コンビニの雑誌売り場・イベントでの盛り上がり
コンベヤ＝インターネット・紙・イベント会場

コンテナの部分がかなり複合的になっていて、ひとことでは説明しにくくなってきています。アメリカの「バズフィード」なども含めて新興メディアでは、SNSを活用して情報を拡散する方法が主力ですが、情報の経路がネットから紙やイベント会場へと広がってくるのに連れて、ネットだけで完結せず、コンテナが多様に広がってきているのです。

逆に読者の側から見ると、なぜメディアに接するのかといえば、かつてのように

「読むものが他にないから手もとにある雑誌を読む」「テレビがついているからテレビ番組を観る」といった理由ではなくなっている。インターネットの出現でコンテンツの需要と供給の力関係が逆転し、昔のように「何か読むものがないかなあ」という欲求はなくなり、そこらじゅうに読むものや観るものが無数にあふれているという状態になりました。そういう中では、なぜメディアに接するのかという「理由」が求められる。

その「理由」はさまざまでしょう。「成功したい」「お金持ちになりたい」「就活に成功したい」というベタでストレートな欲望もあります。しかしそれだけではありません。「自分の好きな世界とつながりたい」「心地良さを味わいたい」「同じような感覚の人たちと知り合いたい」というような社会的な欲求もある。社会的動物である人間ならではのこういう欲求が、メディアを文化圏へと育てていく基調にあるのだと思います。そしてこうしたメディア＝文化の欲求を満たしてくれるのであれば、それはネットであろうが紙であろうが電波であろうが、イベント会場であろうが、コンベヤは何でもかまわないということなのです。

以前は、メディアというのは「経路」「媒体」のように認識されていました。テレビという経路から番組がやって来る。新聞という媒体で記事を読む。

これからの新しいメディアでは、経路や媒体はもはや何でもいい。経路が重要なのではなく、人々がつながって共鳴する空間がそこに存在するかどうかが大切なのです。その空間を設計し、支えていくことが、これからの企業の役割になっていくでしょう。そういう意味では、もはやすべての企業はメディア企業であると考えてもいいのではないかと思います。

企業と人がつながる包括的なメディア

先に、ビッグデータによる的確な情報提供が実現しつつあるという お話を書きました。この方向性と、すべてがメディア化して文化圏をつくっていくという方向性は、どこかで重なっていくのでしょうか？

この二つの方向性は、個別に最適化していく方向と、多くの人々をまとめていく方向ですから、一見するとまるで逆の方向に進んでいるように見えますね。でも実は、そうではありません。この真逆の二つの方向は、最終的に交叉していくとわたしは考えています。

最近、「オムニチャネル」という用語が注目されています。「オムニ」とは「すべて」「あらゆる」という意味の英語なので、オムニチャネルとは「すべてのチャンネル」「あらゆるチャンネル」という意味。これまでは小売店でモノを売る、あるいはネットでモノを売るというようにお客さんと企業の接点はチャネルごとに分けて考えられていましたが、これを分け隔てせず、店舗やイベント、ネット、スマホ、ウェアラブルなどありとあらゆる接点でお客さんとつながり、モノを売っていこうという考えかたがオムニチャネルです。

オムニチャネルはお店の側の考えかたですが、お客さんから見れば、お店の側からありとあらゆる体験や場を提供され、自分が求めているときに好きな場所で購入し、受け取ることができるということでもあります。つまりオムニチャネルというのは、広くとらえれば、全方位の空間の中にお店もお客さんも包み込まれていって、その大きな空間の中で自由自在に情報やモノがやりとりされる。そういう世界が実現していくということなのです。

オムニチャネルでいま最も注目されているのは、セブン-イレブンでしょう。運営会社のセブン&アイ・ホールディングスは何年も前からオムニチャネル構想を温めてきて、二〇一五年十一月に本格的にサービスを開始しました。「オムニセブン」

というサイトで、セブン‐イレブンやイトーヨーカドー、西武、ロフトなど専門店の商品計百八十万品目を扱っており、購入した商品を全国のセブン‐イレブンで受けとったり、返品することができます。ネット通販は返品する際、宅配便の集荷をたのんで送りかえさなければならずけっこうめんどうなのですが、セブン‐イレブン店頭で返品できるのならかなり楽ですね。宅配便の伝票も書かずにすみますしね。

面白いのは、お客さんが持っているパソコンやスマホからの注文だけでなく、セブン‐イレブンのお店に置いてあるタブレットの端末からもオムニセブンを利用できるということです。パソコンやスマホに不慣れなお年寄りでも、セブン‐イレブンの店頭でネット通販がつかえるようにしようということなのですね。さらに店頭だけでなく、セブン‐イレブンのスタッフがお年寄りの家を訪問して、タブレットで商品を見せて紹介しながら買い物をしていただくということもはじめるようです。つまりは昔ながらの「ご用聞き」ですね。これまでもセブン‐イレブンでは、「セブンミール」というお弁当の宅配サービスをつかってもらったときに、宅配のついでにお年寄り宅などでご用聞きをしてきたといいます。お弁当のついでに、お総菜などさまざまな副菜をついでに注文する人が多く、この流れをオムニチャネルにもつなげていこうという発想なのですね。

このタブレットの宅配では、セブン-イレブンの店頭での受け取りだけでなく、まさに「ご用聞き」のようにお店のスタッフが自宅まで届けるということもおこなうようです。

ただ現状ではオムニセブンは、西武やロフトなどで扱っているクオリティの高い商品を買う人はまだ少なく、セブン-イレブンで売っている馴染みのある商品を買う人が多いようです。ここを突破できるかどうかは、かなり難しいところかもしれません。

企業と消費者がともに創る価値

オムニチャネルというものを単に「流通経路」ととらえてしまうと、理解を誤ります。これは単に、あらゆる手段で商品をお客さんに届ける、あるいはお客さんが受けとるということだけではなく、先に説明したような「メディアによってつくられる文化空間」と重なってくるのだとわたしは考えています。

つまりオムニチャネルによって企業とわたしたちがネットやリアルのお店や宅配

やあらゆる方法でつながるのであれば、そのつながりが企業とわたしたちを包括的にくるみこむような、メディア空間になっていくということです。

線は一本しかなければそれは単なる線でしかありませんが、たくさんの線が用意され、無数の線でつながっていくのであれば、それは線ではなく面になり、面からさらに立体的な空間にもなりうる。

ここでもうひとり、オイシックスの人に登場してもらいましょう。オムニチャネルを担当している奥谷孝司さんです。

「ここにきて思うようになったのは、企業が価値を提供するのではなく、企業とお客さんが価値をともに創る時代になるということです」

単に野菜を売っているというだけだったら、スーパーマーケットの野菜売り場や、あるいはそういうスーパーが運営しているネットスーパーと変わりはありません。しかしスーパーの野菜売り場が単に食材のインフラとして機能しているだけなのに対して、オイシックスには熱烈なお客さんがいて、その人たちのつながりそのものが、オイシックスのうえに被さるようにしてひとつの文化圏を生成しているといえるでしょう。

そもそも、企業とお客さんのつながりというのはどのようにして生まれ、支えられるのでしょうか。

インターネットのショッピングは「人間味がない」「対面していないから、人と人の関係が生まれにくい」というようなことがよく言われます。ほんとうでしょうか？

たしかに、レストランでもカフェでもアパレルのショップでも、良いお店には良いスタッフがいます。そういう人たちと楽しく会話し、仲良くなるのはとても楽しい。でもリアルの店舗はそのような小規模なお店ばかりではありません。大手ファストフードチェーンやファストファッションの大規模店や、都心の混雑している大型のコンビニでは、そういうつながりをつくるのはとても難しい。もちろん感じの良いスタッフもたくさんいますが、かといっておしゃべりをしたり、仲良くなるというところまで行くことはあまりないですよね。このような大規模店は、つながり消費をつくるというよりは、あくまでも機能消費に徹して、必要なものを的確に販売するインフラとして用意されているからです。

これはリアルのお店でも、ネットのお店でも同じことです。「インターネットか、リアルのお店か」という分けかたはもはや意味がありません。「ネットか、リアルか」ではなく、「文化なのか、大規模インフラなのか」という区分けを見ていかなければばならないのです。

企業は「伴走者」になっていく

オイシックスや成城石井、「北欧、暮らしの道具店」といったお店やサービスは文化であり、そこに集まる人たちを支える応援団みたいな存在というべきでしょう。それに対してセブン-イレブンやイオン、ユニクロ、アマゾン、楽天は多くの人々の生活を支える大規模なインフラになっている。

多くの人々の生活を支え、機能消費を提供する大規模なインフラとしてのお店。文化をつくり、つながり消費を生みだしていくお店。

これからのお店は、こういうふたつの方向へとゆるやかに二分していくと考えていくべきでしょう。

オイシックス社長の高島宏平さんは、オイシックスがお客さんに提供したいのはすごい新製品とか流行ではなく、「らしさ」なんだと言います。

たとえばカフェチェーンのスターバックスを例にして考えてみましょう。

スタバはつねに新しい商品開発をしていて、ヒット商品もたくさん出しています。わたしもそういうのを楽しむのが好きで、近所のスタバに寄るとつい、「ホワイトチョコラティ クランブル ココ フラペチーノ」とか、そういう目新しいものを頼んでしまいます。でもかといって、そういう人気商品を出し続けることでスタバが人気を得ているのかというと、そうではありません。

スターバックスは都市生活者にとても人気のあるカフェですが、日本での出店がはじまったころはともかくも、今となってはもはや流行の場所ではありません。流行だから行ってみるというのではなく、自由で気ままな都市生活の象徴のようなスタイルが好まれ、だから多くの人が日常で愛用している。そういう「スタバらしさ」みたいなものがあり、愛用している人たちには「ああ、スタバらしい感じね。なるほど」と意味が通じるでしょう。「スタバらしさ」にはコーヒーの美味しさだけでなく、店のインテリアのセンスの良さや、スタッフが感じよいこと、お客さんたちが比較的静かであること、いつもきれいに掃除してあることなど、いろんな要素が入っているのです。みんなそういう「スタバらしさ」が好きで、スタバを大事にしてひとつの大きな文化圏をつくっている感じがしますね。

スタバはリアルなお店があるので、そこには「空間」があります。インテリアや外観、スタッフの笑顔、お客さんたちの雰囲気。そういうリアルさが「らしさ」にダイレクトにつながっています。

じゃあネットの中に生まれる「らしさ」ってどのようなものでしょうか？　リアルの場所が存在しない、ネットという仮想的な空間にも「らしさ」はあるのでしょうか？

たとえばアマゾンや楽天のような大手のショッピングサイトを考えてみてください。「アマゾンらしさ」「楽天らしさ」ってあるでしょうか？　アマゾンや楽天では、ありとあらゆるものを売っています。サイトはつかいやすく、どんなものでも買うことができますが、でもそこには「らしさ」はない。アマゾンや楽天はあくまでもショッピングのプラットフォーム（基盤）であって、文化やコンテンツではないからです。

一方で、同じショッピングサイトでもアパレル系のゾゾタウンはどうでしょうか。ファッショニスタが集まる感じというか、ゾゾにはゾゾの文化的な感じというのが濃厚にありますよね。

つまり同じインターネットのショッピングサイトであっても、あくまでもプラットフォームに徹して大きな規模を狙うビジネスと、プラットフォームのうえに上澄みのように重なってくる文化を大事にしようとするビジネスと、二種類があるということなのです。

いま、流通の世界は大きな変動を迎えていて、一方でプラットフォームとして巨大化するビジネスが台頭してきていますが、すべてがプラットフォームに呑み込まれていくわけではありません。どれだけ全国津々浦々にイオンが浸透していっても、成城石井の買い物体験を求める人が決していなくなるわけではなく、アマゾンや楽天でかんたんに服が購入できるからといって、ゾゾタウンの楽しさを人々が忘れ去るわけでもない。プラットフォームに呑み込まれるのではなく、文化を形成し、人々と物語を共有し、仲間にしていくビジネスというのは今後も繁栄していくでしょう。そういう立ち位置に、オイシックスやスターバックスや成城石井、ゾゾタウン、そして「北欧、暮らしの道具店」のような存在があるのです。

そしてオムニチャネルがお客さんと企業がたがいにつながって形成する新しいメディア空間のイメージなのだとすれば、それはひとつの文化圏であり、後者のような共同体になっていくものととらえられるべきです。消費者と企業がともにつくるメディア空間で情報も商品もが共有され、あらゆる方法で人と会社がつながっていく。それが全体として文化を形成していく。この「文化である」ということこそが、お客さんを受動的な存在におとしめず、ともに文化をつくり、共感できる仲間としての能動的なつながりへと高めていくカギなのだと思います。

だからこれからの消費は、わたしは単に個人のお客さんを相手に商売する、モノを売るというだけではない。そのお客さんと仲間となり、さらにお客さんの周囲にいる家族や恋人、友人たちとのあいだでつくられる文化の空間を支えていくものでなければなりません。なにかを売るという行為は、あるひとりの人に向けてではなく、文化全体に向けて届けられるのです。その人の向こう側にいるたくさんの人たちに向けても伝えられるのです。

このように外に開かれたネットワークとして利用されるサービスや商品を提供することが、「ゆるゆる」の実現であり、こうした企業のこれからの役割でもあるのです。だから求められているのは過剰なサービスではなく、たがいに共鳴しながら文化を支えていくことであり、奥谷さんの言う「企業が価値を提供するのではなく、企業とお客さんが価値をともに創る」ということなのです。

過剰なサービスではないからこそ、「ゆるゆる」は保たれ、価値をともに創ることが可能になる。わたしは先に、情報通信テクノロジーの進化で、いまのスマホやパソコンのように人間と向き合う機器ではなく、ともに同じ方向を見て人間を支え、人間がその存在を意識しなくなっていく「伴走者」にこれからのデジタル機器は変わっていくと説明しました。企業と人々の関係もそのように変わっていくのかもしれません。企業は見えないところで人々を支え、文化空間が維持されるように心砕いていく。そういう「伴走者」になっていくのです。

ライブ的な体験を共有する仕掛け

そのような例を、もうひとつ紹介しましょう。トマトジュースで有名なカゴメ株式会社です。

二〇一二年とかなり以前の話になりますが、クオンという消費者コミュニティ開発を手がけている企業の紹介で、同社を取材したことがあります。当時カゴメは「KAGOMEわくわくネットワーク」というコミュニティをインターネットの中で運営していました。

これがどのようなコミュニティだったのかというと、「凛々子」というトマトの品種を中心にした共同体なのです。凛々子はトマトジュースをつくるためのカゴメオリジナルの品種で、七十年の歴史を持っているのだそうです。まっかに完熟するのが特徴で、適度な酸味のさっぱりした味わいなのだとか。

カゴメはこの凜々子の苗のプレゼント活動をしてきました。食育支援というかたちで、たとえば幼稚園や小学校に、時にはプロモーションなどで街頭配布などしてきたのです。そしてインターネットの普及とともに、ウェブサイトでも配るようになりました。これが「ＫＡＧＯＭＥわくわくネットワーク」だったのですね。このコミュニティに登録した参加者は自分で凜々子を育て、その生育日記をサイト内で公開して、ソーシャル共有できました。春に苗の植え付けをしてから秋に収穫し、トマト料理をつくるまでの一連の流れをコミュニティの中で楽しむことができるという構成です。

このコミュニティがスタートしたのは二〇〇七年。カゴメのトマトジュースのブランド価値を高めようという狙いだったのですが、そもそもトマトジュースや野菜ジュースのような日常的な飲み物だと、高級ブランドと違って消費者とのつながりがそんなに強くなっていません。もちろん「健康」「野菜生活」といったイメージはトマトジュースにはあるのですが、そういうイメージだとあまりにも普通すぎて、訴求力がないと考えられました。

じゃあどうする？　というところで浮上したのが、トマトの品種の凛々子でした。カゴメの原点であり、そして「凛々子」という名前でもわかるように擬人化されたイメージを持っています。これをブランディングの中心に据えるというのは面白いじゃないか！　と、カゴメやクオンの人たちは考えたんですね。

そこで「凛々子をひとつのメディアとしてとらえる」という戦略が立てられました。凛々子をユーザーに育ててもらうことによって、そこで得られる成果は単に「トマトが手に入る」ということにとどまらないでしょう。育てる喜びや収穫の喜び、食べる喜びなどたくさんの付加価値がそこには生じてくるだろうと予想したのです。

しかもそうした喜びは、かんたんに得られるものではありません。五月に植えて八月に収穫するまで、日々世話をし、虫害や疫病、天候などさまざまな障害を乗り越えなければならないのです。買ってきたトマトジュース缶をただごっくんと飲み干すのとはだいぶ違いますすね。

でも逆にいえば、このような困難と、その困難を克服した先に食の喜びがあるのだったら、それによってカゴメとお客さんたちとのあいだに強いつながりがうまれる可能性があります。

そのつながりを強めるために、カゴメのスタッフと凛々子を育てている人たちのあいだで、「どうやって育てればいいの？」「虫害はどう避けるの？」「おすすめの料理方法は？」といった相談ややりとりが生まれるようなコミュニティが考えられました。

スタートしてからは、みんなが積極的にかかわれるようなさまざまな仕掛けも盛り込まれました。たとえば「苗を植えた」「花が咲いた」「実が付いた」「収穫した」「食べた」といった写真などを投稿して申請すると、サポーターとして認定してもらえるという制度。ここからサポーターたちが自主的に活動するという動きが広まり、自律的なコミュニティへと少しずつ進んでいくという芽が出ていったのです。

また「凛々子親ばかエピソードキャンペーン」「おすすめ凛々子料理キャンペーン」「凛々子川柳募集キャンペーン」といったコンテストも何度もおこなわれました。

「凛々子コミュニティ」が育てられた結果は数字にも表れました。商品を購入する頻度は、凛々子のコミュニティに参加した人の六四パーセントがアップして、トマトソースやジュースなどの定期購買が普通の人の二倍になったといいます。なんと生まれてきた子どもに「凛々子」って名づけた参加者までいたそうですから、驚かされます。

このコミュニティは残念ながら二〇一三年に終了してしまいましたが、非常に先進的なこころみでした。企業がコミュニティを運営し、そこに人々のあいだのたしかな共同体の感覚があるだけでなく、「トマトを育てる」というライブ的な体験が盛り込まれていたことがとても先進的だったのです。

ライブ的な鮮やかな体験。「いまこの瞬間に意識を集中する」というマインドフルネスにもこの方向性はつながっていきます。日常からつながっている、すこし非日常な鮮やかな体験をどう生みだしていくのか。それを共同体のメディア空間の中で、どう共有し、共感を育てていくのか。

ライブ体験＋継続的なコミュニケーション

これらをどう実現していくのかというのが、今後のメディア空間のテーマとなっていくでしょう。

アメリカでは最近、フードトラックが人気です。トラックを「屋台」に改造し、その場で調理した料理を出すトラックです。日本では食品衛生の規制もあってか、さほど普及していませんが、アメリカではごく当たり前に日常的な食を担うようになっています。

二〇一四年には『シェフ　三ツ星フードトラック始めました』というコメディ映画もありました。観ているだけで「うわー食べたい！　腹減った！」とお腹がぐうぐう鳴ってくる、シズル感満載の映画です。

ストーリーは、ロサンゼルスの超人気レストランに勤めている中年の雇われシェフが主人公。ある日、その店に、レストラン批評で人気の著名ブロガーがやって来ることになります。シェフは張り切って、斬新な新しい料理を出してやろうと待ち構えます。ところが保守的なオーナー（ダスティ・ホフマンが好演しています）に口をはさまれて、結局、いつもながらの定番料理を出すことになってしまったのですね。

ありきたりの料理にガッカリしたブロガーは、酷評します。「シェフが激太りしているのは、客の残した料理を食べ続けた結果だろう。星ふたつ」。

これに怒ったシェフは、慣れないツイッターでブロガーを罵倒してしまうのです。結果はみごとに大炎上。おまけに再び店にやって来たブロガーにつかみかかって、それも客にスマホで撮影され、ユーチューブの動画で世界中に流れてしまう。

高級レストランをクビになり、すべてを失ったシェフは、息子と一緒にフードトラックで料理人人生をやり直す決心をするのです。提供するのは、超旨いキューバの料理。旅をしながら熱々の肉のサンドイッチを売りまくっていくシーンは、最高でした。

この映画には、料理をする描写がたくさん出てきます。シェフが息子にチーズトーストをつくってやるシーンが中でもすばらしい。

まずフライパンにオリーブ油を垂らして、二枚の食パンをまわしながら焼き、油を吸わせていきます。そしてチーズを載せてさらにじっくりと焼く。チーズがとろりと溶けてきたら、すかさずパンを重ねてサンドイッチにし、バターを塗り、きつね色になるまでに焼き上げるのです。わたしはこの映画を見て「旨そう……」と絶句し、さっそくその日に家に帰ってつくってみました。かんたんで美味しい。

この映画の料理指導には、実はロイ・チョイという人がついていたんですね。彼は韓国料理とメキシコ料理を融合させて、韓国焼き肉プルコギの入ったタコスみたいなのをつくって流行らせ、フードトラックのブームの立役者になった人として有名です。

フードトラックがアメリカで流行るきっかけになったのは、リーマンショックです。この金融危機のあとに、レストラン業界がたいへんな不景気に陥ってしまい、それで安価なフードトラックが増えたのです。

フードトラックは立ち上げコストが普通のレストランよりずっと低くすむので、高い内装費をつかってレストランを立ち上げるよりも、安価にスタートできるというわけです。お客さんの方も安い食事を求めているから、レストランよりもフードトラックに流れやすいということがありました。

フードトラックの原型はニューヨークではストリートベンダーと呼ばれている屋台だったのですが、ストリートベンダーがホットドッグやハンバーガー、インド料理などベーシックな食を提供していたのに対し、フードトラックは新規参入組が多かったこともあって、ずっと料理の幅が広くなり、たとえば「オーガニックな食材だけをつかったハンバーガー」とか「フレンチのシェフが出しているお洒落な料理」とか、レストラン並みの味を誇る店もたくさんできました。

おまけにツイッターやフェイスブックが普及したことで、これまでは移動中でどこにいるのかわからなかったフードトラックの居場所をSNSで配信することができるようになりました。映画『シェフ』にも、シェフの息子がスマホで「今日は◯◯の街に行くよ！」とツイッターでツイートし、それに合わせて人々がやって来るシーンが楽しそうに描かれています。

フードトラックでは、ツイートのタイミングも重要だそうです。以前、マッシャブルという米国のメディアで「リックショー・ダンプリング」というニューヨークの餃子のフードトラックが紹介されていたのですが、オフィス街の人々が「今日はどこでランチをしようか」と考えていそうな午前中に、今日の料理と居場所の情報をきちんとツイートしているということが描かれていました。あるいはそこを外して午後遅く、人々がおやつを求めはじめそうな時間に発信したりもするそうです。単なるライブ体験だけでなく、そこから人々と固定的なつながりができあがっていく。移動する屋台というと一期一会のイメージが強く、だからこそ鮮烈なライブ体験にもなるのですが、このようなフードトラックのありかたはライブ体験をスタート地点にして、そこに継続的なコミュニケーションを加えていって、屋台とお客さんがたがいにつながりを生んでいく。とても興味深い方向だと思います。

人と人をつなぐ包括的プロセスへの変化

米国の先端的なメディア、「バズフィード」の創業者であるジョナ・ペレッティさんは、こう語っています。

「記事や動画は個人に向けて最適化されるのではなく、どのような記事や動画を読者がみんなと共有したいと考えているかということに、フォーカスしていかなければなりません」

ひとりの個人に向けるのでなく、仲間や共同体に向けて情報を送り届けるのだという考えかたなのです。ここで、先に書いた二つの真逆の方向性の問題に、解決の糸口が見えてきました。

「ビッグデータによって情報が絞り込まれ、的確に届くということ」と、「わたしたちのプライバシーが侵害される感覚にならないこと」

この二つの真逆の方向性を解決するには、共同体という概念を間にさしはさめばいいのです。わたしたちひとりひとりに的確な情報をパーソナライズして届けるのではなく、「わたしたち」という仲間、共同体に的確に届ける。それによってプライバシーの問題は解消することができるのです。

さらにこの二つが交叉する地点では、メディアの意味も変わってきます。

ペレッティさんは、こうも語っています。

「『バズフィード』は単なるメディアではありません。ニュースや動画やライフスタイルやさまざまなコンテンツを、ウェブやモバイル、アプリなどを経由して配信する『包括的なプロセス』なのです」

メディアではなく、プロセスだというのですね。これまでのようにテレビや雑誌、新聞、ラジオといった媒体だけを意味するのではなくて、インターネットはもっと大きなものになっていく。人々をくるみ、そこに人々のあいだのつながりや個人としての満足など、みんなが求めている結果をうみだすための支えになっていくというようなイメージでしょう。メディアの変化はここでも語られています。

ネットで読んだ記事をフェイスブックやツイッターでシェアするという行為はごく普通になりました。記事を読んで、「ああ、これ面白いなあ。みんなに教えてあげたいなあ」と思い、共有する。つまり記事や動画はインターネットの利用者ひとりひとりに対してだけでなく、実はそうしたひとりひとりの向こう側にいる家族やたくさんの友人、知人たちに向けても配信されているということになるわけです。

間違ってはならないのは、このメディア空間は、企業が全体を緻密に設計し、管理し、支配するのではないということ。インターネットのような可視化された空間ではそのような支配は嫌われますし、そもそも企業だけが一方的に管理することはできません。企業とわたしたちの相互作用によって、この空間は形成され運営されていくのだととらえなければなりません。

「わたしたちが文化を伝えるという感覚ではなく、わたしたちが文化をお手伝いするということなんじゃないかと思います」とオイシックス社長の高島さんも話しています。

健全な日常と、そこから少しはずれた非日常。そこに生まれる鮮烈なライブ体験と、共同体意識。それらすべてをくるみ、企業と人、人と人をつなげていく文化としてのメディア空間。これこそがメディアの未来像であり、わたしたちの健全な日常である暮らしを支えていくシステムとなっていくのだと思います。

二十一世紀の新しいマインド、ノームコア

さて、本書のテーマもここにきてようやく最後の段階へとやってきました。いったんここで、これまでの議論をまとめましょう。

二十世紀のマインドは、大きく二つに分かれていました。

大衆消費社会の中で成り上がり、お金持ちを目指す「**上へ、上へ**」という上昇志

向。

大衆消費社会を蔑視し、反逆クールをきどる「**外へ、外へ**」というアウトサイダー志向。

しかしリーマンショックと東日本大震災を経て、二十一世紀の日本人の新しいマインドは、「**上へ**」でもなければ「**外へ**」でもない、新しい方向を求めている。

その新しい方向とは、所有するモノを減らし、快適な動きやすい衣類を身にまとい、身軽に移動し、世界とダイレクトにつながるような裸の感覚を持つこと。その上で、わたしたち自身がじかに他者や都市とつながり、内外を隔てない開かれた共同体概念をつくっていくこと。つまりは「**横へ、横へ**」というネットワーク志向であること。

人々のそのようなスタイルを、企業とテクノロジーが「伴走者」となって支えていく。それが新しいメディアの文化空間をうみだしていく。

成り上がるのではなく、反逆者をきどるのでもなく、いまここにある生活そのものを大切に愛おしみたい。心地いい暮らしを日々くりかえしたい。そしてその先に、自分もこの社会のひとりであることを自覚し、「自分も人々と同じであること」「多くの人たちとつながっていること」という共同体への回帰がはじまっていくのです。

そしてみんなで、この大衆消費社会を気持ち良くアップデートしていくことが、いまのわたしたちに大切なのだと思います。

「横へ、横へ」の感覚は、わたしたちの時代精神をも変化させていくでしょう。

ノームコアという米国発のことばがあります。ノーマルなコア、直訳すると「普通という中核」というような意味です。つまり派手に着飾るのではなく、普通のシャツ、普通のパンツ、普通の靴を普通に着こなすのがいいのだ、という考えかたです。

ノームコアは一般的にはファッション用語と思われていて、ファッション業界ではこれを「これからはスポーツウェアの日常着が来る」というように流行としてとらえている人たちもいます。

しかしノームコアは、そういう表層的な概念ではありません。人間の生きかたや関係が変わってくるのだという哲学的な意味が込められています。このことばをつくったのは、ニューヨークで活動している「Kホール」というグループで、二〇一三年に発表した「ユースモード：自由に関する報告書」という文書の中で最初につかいました。

そもそも普通（ノーマル）であるとはどういうことでしょうか。

「大衆消費社会で人々は没個性になり、同じような服ばかりを着るようになった」

というようなステレオタイプな言いかたもあります。しかしこれは歴史の認識としてまちがっていて、大衆消費社会こそが個性を多様にしたのです。

大衆消費社会以前は、農夫は農夫の服を着て、鍛冶屋は鍛冶屋の恰好をし、工員は工員の制服をまとっていました。実際、日本でも一九六〇年代ぐらいまでは大人、特に男性のファッションはとても地味だったのです。

小津安二郎の一九五〇年代から六〇年代にかけての映画などを見ても一目瞭然ですが、ホワイトカラーの男性は出かけるときはたいていスーツ。当時は背広と呼ばれていましたが、会社に行くときも、旅行に行くときも、外食に出るときも、だいたいこの衣服だったのです。一方で工場などに勤めているブルーカラーの人は、ナッパ服と呼ばれていた薄い青やベージュの作業服が一般的でした。十代の若者も同じで、外出する時はほとんどが学生服でした。そしてホワイトカラーもブルーカラーも、帰宅すると浴衣かパジャマに着替える。まだジャージやスウェットのような部屋着はなかった時代ですから、くつろぎウェアは浴衣かパジャマだったのです。

しかし高度経済成長が一九五〇年代末からはじまり、人々の生活が豊かになり、大衆消費社会が実現してくるにつれて、人々のファッションは個性的に豊かになっていきます。日本の大衆消費社会が完成する一九七〇年代に入ると、ジーンズやカラーシャツ、プリントTシャツといったカラフルなカジュアルファッションが男性のあいだにも増えていったのです。

アメリカでは一九六〇年代後半、「ピーコック革命」という概念も提示されました。ベビーブーマー世代の成長とともに、色鮮やかで派手なファッションをまとう男性たちが現れ、これがオスのクジャク（ピーコック）になぞらえられたのです。

このようにファッションの多様化と個性化は、実は大衆消費社会の実現とともに起きてきたということなのです。大衆消費社会こそが、実は個性を実現するエンジンだったのです。

大衆消費社会は先進国では一九七〇年代にほぼ完成し、それに合わせるかのように「個性的であること」が美徳とされ、もてはやされるようになりました。

自由を生み出す究極の普通

ところがここで、ひとつの矛盾が起きてきます。

それは、個性的であろうとすればするほど、世の中には個性的な人だらけになって、逆に目立たなくなってしまうという矛盾。

全員が灰色の制服を着ている中でひとりだけ真っ赤な私服を着ていれば目立ちますが、全員がめいめいに派手な原色の服を着ていたら、その中で真っ赤な服を着ていてもまったく目立ちませんよね。そういうことが起きてしまったのです。

それでも個性的であろうとすると、たとえばピアスを特別なものに変えたり、アクセサリーに凝ったり、細かいディテールの違いに入っていかざるをえません。でもこれで「わたしは個性的です」と主張されても、他人にはどこが個性なのかわかりにくい。

この状況を先ほどの文書「ユースモード」は、マスインディーということばで表現しました。個性的であること、独自であることが、マス（大衆）になってしまうのだという意味です。

もはや独自で個性的であることは、意味はないということなのです。だから「ユースモード」は、個性的である必要なんてない、普通で良いのだと訴えました。

これこそが、ノームコアの哲学です。

抑圧されている時代には、抑圧から解放されることに意味がありました。

「国王の絶対的支配から解放されたい」

「奴隷であることから解放されたい」
「封建的な制度から解放されたい」
「灰色の制服を着せられていることから解放されたい」
「学校の規則から解放されたい」

しかしこういう解放は、先進国ではかなりの部分が実現しました。もちろん局所的には抑圧はたくさん残っています。さらには日本の非正規雇用の問題に象徴されるように、解放が自由をもたらさず、不安だけを押しつけているという状況も引き起こしています。これは自由であるということの根本的な問題で、解放すればすべてが解決するのではないということを端的に示しているのです。

つまり、解放は目的ではない。解放されても問題は解決しないことがわかってしまえば、解放は目的にならないことが認識されてしまう。

アンソニー・ギデンズという英国の社会学者は、二十世紀の後半以降はこれが最大の問題になっていると指摘しています。彼は、政治もこの影響を大きく受けるのだと言っています。抑圧が多かったころは、解放を目的にすれば良かった。それをギデンズは「解放のポリティクス（政治）」と呼びました。

しかし解放のポリティクスは、二十一世紀のいまはもはや有効ではありません。

ギデンズはこれからは、わたしたちはどう他の人たちと関係をつくり、どう環境と向き合い、自分自身をどうつくっていくのかということが議論されていく時代になると言っていて、これをライフポリティクスと呼んでいます。「生活の政治」「生命の政治」というような意味です。

新たな共同体の再興

ノームコアの哲学も、ギデンズのライフポリティクスと同じメロディを奏でています。

抑圧からの解放が意味をなさないいまの時代には、個性的であることや独自であることを追いもとめても無意味です。そうではなく、他の人たちとの関係づくりのほうが中心になってくるのです。

「ユースモード」はこう書いています。

「『他人と違う』ということを極めたら、本当にカッコいいのは、『皆と同じ』を極めることだ」

独自であることがカッコいいというスタイルを超越して、「皆と同じ」という新しい正統派のスタイルがやって来るのです。

昔は、人は農村や終身雇用の会社のような共同体の中で暮らし、共同体にからめとられ、そこから脱出する自由を求め、だからこそ自分の個性を探しもとめていました。しかし二十一世紀には人はひとりの個人として生まれ、属している共同体は目の前にはありません。だから自分で帰属する共同体を探し求めなければならなくなったのです。共同体と自由の関係が、昔といまでは真逆になったのです。

「ユースモード」は、こうも書いています。

「誰になるか（to become someone）ではなく、誰かと一緒にいること（to be with anyone）なのだ」

憧れる立派な何者かになるために自由を求めるのではなく、好きな人たちと一緒にいられる、そういう生を実現することこそが大切ということなのです。

個性的であるということが、自分で人生を切り開いていく自由への道のりだった時代もありました。しかしその自由を実現すればするほど、わたしたちは孤独になっていたのも事実です。だからノームコアの世界では、わたしたちは「孤独ではない自由」を求めたい。個性的ではなく普通であることにあたらしい解放感を感じ、普通であることが他人とのあたらしいつながりを生みだしていく。

そういう未来に、わたしたちは新たな共同体を再興し、そこでわたしたちの心地よい暮らしはひそやかに営まれていくのでしょう。

おわりに

ゆるゆると、めんどうごとをとりのぞいて最後に残る自分の好きなことに心を傾け、意識を集中する。わたしは台所仕事は下準備から調理、テーブルセッティング、後片付けまですべて大好きなので、台所にいるときには「いまこの瞬間に全意識を傾ける」状態を楽しんでいます。

食事を終えて、食器を洗い、乾いたふきんできゅっきゅっと拭く。コーヒー豆を挽いてフレンチプレスでコーヒーを淹れ、ポットやミルも洗って乾かし、最後にシンクもコンロも綺麗に磨いて、すべてを片付けてふきんを広げる。

そしてコーヒーをゆっくり飲んで、机の前に座り、仕事をはじめます。その瞬間、わたしは「さあいままさに、自分の世界がスタートするぞ」と高揚しています。

未来の豊かな暮らしを夢見るのではなく、暮らしをないがしろにするのでもない。ただ、いまここに生きていること。そしてこの生が積み重ねてきたことを大切にしていくこと。

わたしたちの中に蓄積されてきた懐かしい暮らしは、わたしたちの生きている人

生や過去の思い出、愛情や哀しみと密接に結びついています。ティーンエイジャー

のころに親しんでいた音楽を懐かしく聴くように、質素でも古くさくてもいいから、

ちょっとしたささやかな暮らしの思い出が、わたしたちの生きていく糧になってい

ます。

たとえば懐かしい喫茶店のナポリタンスパゲティ。

この料理をわたしはよく思い出します。それは、思春期の甘い記憶とダイレクト

につながっている。

ナポリタンの麺はアルデンテのシコシコツルツルじゃなく、もっちりしているほうがそれらしい。これはアメリカの影響でしょう。アルデンテを大切にするイタリアと違って、アメリカではくたくたに茹でたパスタを食べていました。一九三〇年代のアメリカ海軍の料理テキストには、パスタの茹で時間が三十分と記されていたそうです。アメリカ文化が太平洋戦争後、進駐軍とともに日本にやってきて定着し、日本のナポリタンが生まれました。

その時代にセモリナ小麦はまだ珍しく、薄力粉をつかった太めのスパゲティが販売されていました。子どものころ、スーパーの冷蔵の棚にかならず置いてあった「マ・マーのスパゲティ」を炒めて、ピーマンと玉ねぎ、ウィンナーソーセージも入れ

て母親がナポリタンをつくってくれたのを思い出します。この「マ・マーのスパゲティ」はすでに茹でてある麺を冷蔵したもので、粉状のケチャップソースが小袋入りで添付されていました。

わたしは一九六一年生まれで、七〇年代後半に片田舎の高校生でした。愛知県の岡崎という古く静かな街にある高校でした。

そのころ岡崎のような街にはおしゃれなカフェどころか、ファミレスさえ存在していませんでした。放課後に立ち寄る場所は、喫茶店ぐらいしかなかった。そういうお店でコーヒーをブラックで飲んでみたり、レモンスカッシュ（レスカって略すのが、ちょっと通っぽくてカッコよかった）やクリームソーダを飲んだりするのが、背伸びして大人ぶった高校生の日常でした。

喫茶店には軽食もあり、ピザトーストやナポリタンスパゲティ、ピラフなどが並んでいました。たいていはケチャップ味で冷凍食品で、いま思えばかなりチープだったと思います。

あれから長い年月が経ち、バブル期を経て日本の料理はかなり進化し、スパゲティはパスタと総称されるようになり、ケチャップ味の麺を食べることもなくなりました。なまのトマトをつかったソースが家庭でも普通に食べられるようになりました。

でも懐かしくて少し恥ずかしい七〇年代の日本のフォークミュージックを聴くように、あのころのナポリタンが食べたくなることがある。

◎昔懐かしいナポリタン

パスタは、一・九ミリの太いスパゲティ乾麺。これを時間通りに茹でます。普通は歯ごたえのあるアルデンテにしたいので短めの時間で茹でるのですが、ナポリタンは麺が少しやわらかいぐらいが美味しい。前にテレビで紹介されていたナポリタンの名店は、なんとパスタを前日に茹でてひと晩置いておくって説明していました。まあ家めしですから、そこまで凝ることはないかな。

茹でている間に、ソースをつくります。フライパンでにんにくのみじん切りをたっぷりめのオリーブ油とともに弱火で炒めます。いい香りがしてきたら、千切りの玉ねぎとソーセージの小口切り、ベーコンを刻んだものを加えてさらに炒め、玉ねぎが透き通ってきたら、トマトのざく切りを加え、トマトが崩れるまで煮込みます。塩を振り、ケチャップをふた匙ほど加えて味を調えます。細切りにしたピーマンをからめてほんの一分ほど火を通してから、茹で上がったパスタを加えて完成です。

味のベースはにんにくとなまのトマトでつくっているので、ケチャップのえぐみが和らげられて自然な酸味を楽しめます。ピーマンが入ると急に昔のナポリタン風になるのが不思議ですね。

ああ、美味しかった。

ナポリタンをつくって食べるたびに、わたしは青春時代の遠い日々を思い出します。喫茶店の古びたテーブル、自宅のキッチンに置かれていた花柄の魔法瓶。高校に入って初めて買ってもらった、茶色い革靴のピカピカした艶。学校の中庭の芝生で、熱っぽく語っていたクラスメートの白いシャツ。ナポリタンの味とにおいが思い出と密接に結びついていて、当時のことが映像のように喚起されてきます。

食は甘い記憶なのです。

暮らしというのは、こういう「甘い記憶」をひとつずつ積み重ねていくということなのかもしれません。ときには自分ひとりで、ときには恋人や家族と、ときには友人たちや仲間たちと。そしてときには偶然に出会った見知らぬ人たちと。

その積み重なりが、わたしたちの生活の精神的な支えのようなもの、支えてくれる「杖」のようなものになっていくのではないかと思うのです。その積み重なりの

「杖」が、自分と自分の周囲の人たちの人生をかたちづくっていく。日々の小さな時間を大事にすることで、積み重なっていったものはやがて宝物になっていく。

二〇一六年の本屋大賞を受賞した『羊と鋼の森』（文藝春秋）という本があります。ピアノの調律師たちの群像を描いた宮下奈都さんのすばらしい小説です。この本の中に、主人公の先輩である調律師の柳さんという人が登場します。やさしくてしっかりしていて、主人公の外村君をリードしてくれる存在なのですが、彼をよく知る女性は柳さんをこう説明します。

「やさしくてしっかりした人に育つまでが大変だったのよ。神経過敏に思春期特有の増幅装置がついてたんでしょうね。あの頃は何を見ても気分が悪くなって、頭を抱えて吐きそうになりながら、必死で避難場所を探してた」

その彼が最後に救われたのは、メトロノームの存在だったといいます。アナログで、ねじ巻き式になっていて、カチカチカチカチと正確なリズムをかなでてくれる道具です。

それを聞いて外村君は、心の中でこんなふうに思います。

何かに縋って、それを杖にして立ち上がること。世界を秩序立ててくれるもの。それがあるから生きられる、それがないと生きられない、というようなもの。

わたしたちはこの不安と混乱の時代に、柳さんのメトロノームのような「杖」が必要なのでしょう。ていねいな暮らしを積み重ねることで、わたしたちの甘い思い出も記憶のタンクの中に溜まっていき、その豊かな水量がわたしたちをたがいにつなぎ合わせ、わたしたちの人生そのものになっていくのです。

あとがき

本書の取材とインタビューは、二〇一四年から二〇一六年にかけて断続的に進められました。その中心になっているのは、食のネット通販企業オイシックスへの長期取材です。オイシックスの皆さん、ありがとうございました。

また、わたしが主宰している有料会員制コミュニティ「LIFE MAKERS（ライフメーカーズ）」に登場していただいた方々のお話も、本書にはたくさん登場してきます。このコミュニティは、「二十一世紀の新しい教養を身につける」をモットーとしており、二〇一五年春の開設以来、毎月二人のゲストをお招きしているほか、さまざまな方にインタビュー取材をさせていただいています。本書に登場する以下の方たち（登場順）のお話は、「LIFE MAKERS」でのトークと取材に基づくものです。

編集者、菅付雅信さん／「暮しの手帖」元編集長で、ウェブメディア「くらしのきほん」編集長、松浦弥太郎さん／旅する八百屋「青果ミコト屋」こと鈴木鉄平さん／「ハイカーズ・デポ」代表で、ウルトラライトハイキングの伝道師、土屋智哉さん／『ぼくたちに、もうモノは必要ない。』著者のミニマリスト、佐々木典士さん／不動産コンサルタント、長嶋修さん／NPO「グリーンズ」代表でタイニーハウスに住む鈴木菜央さん／池袋「ロイヤルアネックス」の大家さん、青木純さん／「三角エコビレッジ」代表、工藤真工さん／メディアアーティスト、落合陽一さん／「北欧、暮らしの道具店」の青木耕平さん

本書は二〇一五年の秋から執筆を開始し、三回の大幅な全面書き換えを経て、二〇一六年九月初めにようやく脱稿しました。途中「うーん、この原稿は全然ダメだ……」と絶望したことが何度もありましたが、最終的にたいへん満足できる内容になったことを、われながら嬉しく思っています。

本書の内容に共感してくれる人が、少しずつでも増えていきますように。

二〇一六年九月四日
佐々木俊尚

参考文献

『反逆の神話　カウンターカルチャーはいかにして消費文化になったか』（ジョセフ・ヒース／アンドルー・ポター、栗原百代訳、NTT出版）
『さよなら、消費社会　カルチャー・ジャマーの挑戦』（カレ・ラースン、加藤あきら訳、大月書店）
『ブランドなんか、いらない　搾取で巨大化する大企業の非情』（ナオミ・クライン、松島聖子訳、はまの出版）
『アメリカ新上流階級 ボボズ　ニューリッチたちの優雅な生き方』（デイビッド・ブルックス、セビル楓訳、光文社）
『かもめ食堂』（群ようこ、幻冬舎）
『きらきら』（シンシア・カドハタ、代田亜香子訳、白水社）
『イタリア料理の本』（米沢亜衣、アノニマ・スタジオ）
『美食の世界地図　料理の最新潮流を訪ねて』（山本益博、竹書房新書）
『旅する八百屋』（青果ミコト屋〈鈴木鉄平／山代徹〉、アノニマ・スタジオ）
『成城石井はなぜ安くないのに選ばれるのか？』（上阪徹、あさ出版）
『シンプル・ライフ　世界のエグゼクティブに学ぶストレスフリーな働き方』（ソレン・ゴードハマー、黒輪篤嗣訳、佐々木俊尚監修、翔泳社）
『ぼくたちに、もうモノは必要ない。』（佐々木典士、ワニブックス）

『豊かさの精神病理』（大平健、岩波新書）
『服を買うなら、捨てなさい』（地曳いく子、宝島社）
『深夜食堂』（安倍夜郎、小学館）
『権力の空間／空間の権力　個人と国家の〈あいだ〉を設計せよ』（山本理顕、講談社）
『ロンドン庶民生活史』（ミッチェル／リーズ、松村赳訳、みすず書房）
『エミール（上・中・下）』（ジャン・ジャック・ルソー、今野一雄訳、岩波文庫）
『都市は人類最高の発明である』（エドワード・グレイザー、山形浩生訳、ＮＴＴ出版）
『パーマカルチャー　農的暮らしの永久デザイン』（ビル・モリソン／レニー・ミア・スレイ、田口恒夫／小祝慶子訳、農山漁村文化協会）
『安井かずみがいた時代』（島﨑今日子、集英社）
『レイヤー化する世界　テクノロジーとの共犯関係が始まる』（佐々木俊尚、ＮＨＫ出版新書）
『羊と鋼の森』（宮下奈都、文藝春秋）

レシピ索引

佐々木俊尚（ささきとしなお）

1961年兵庫県生まれ。早稲田大学政治経済学部中退。毎日新聞記者、月刊アスキー編集部を経て、フリージャーナリストとして活躍。ITから政治・経済・社会・文化・食まで、幅広いジャンルで、綿密な取材と独自の視点で切り取られた著書は常にベストセラーとなっている。『キュレーションの時代』（ちくま新書）、『レイヤー化する世界』（NHK出版新書）、『家めしこそ、最高のごちそうである。』（マガジンハウス）など著書多数。

そして、暮らしは共同体になる。

2016年11月29日　初版第1刷　発行

著者　佐々木俊尚
発行人　前田哲次
編集人　谷口博文
アノニマ・スタジオ
〒111-0051
東京都台東区蔵前2-14-14 2F
TEL. 03-6699-1064／FAX 03-6699-1070
発行　KTC中央出版
〒111-0051
東京都台東区蔵前2-14-14 2F
印刷・製本　株式会社シナノパブリッシングプレス

ISBN 978-4-87758-755-0 C0095

アノニマ・スタジオは、

風や光のささやきに耳をすまし、
暮らしの中の小さな発見を大切にひろい集め、
日々ささやかなよろこびを見つける人と一緒に
本を作ってゆくスタジオです。

遠くに住む友人から届いた手紙のように、
何度も手にとって読みかえしたくなる本、
その本があるだけで、
自分の部屋があたたかく輝いて思えるような本を。